Rencontres hors du temps

À Debra, ma compagne, qui malgré tous mes doutes personnels,
mes retours de manivelle, mes voyages loin d'elle et des enfants,
m'a toujours patiemment encouragé à aller sur le chemin
de mes questionnements.

Connectez-vous sur www.editionsdelamartiniere.fr

Rencontres hors du temps

John, Lynx, Tod, Mason et les autres…
Ils ont choisi de vivre libres

Éric Valli

en collaboration avec Aurélie Taupin

Éditions
de La Martinière

SURVIVALISTS 5
Oct 2010
MASSON
By

SURVIVALIST
LAKE
CHELAN
WILDERNESS
RECREATION
LOWELL
MORGAN
I have no time
for you...

J'ai passé ma vie à m'immiscer dans celle des autres et, dans des circonstances on ne peut plus scabreuses, à témoigner de ces expériences. Poursuivant mes curiosités, surmontant nos différences parfois abyssales, je me suis fait de grands amis. Par quel miracle parviennent-ils à garder leur enthousiasme et leur bonne humeur face au novice que je suis ? Heureux le voyageur qui peut ainsi poursuivre son chemin.

Me voici à sillonner la grande Amérique comme je sillonnais l'Himalaya. Je pars sur les routes comme je suis parti autrefois sur les sentiers à la recherche du chasseur de miel Mani Lal, du caravanier Tinlé, du berger Nanda Lal…

J'ai voulu garder une trace de ces paysages traversés au cours de ce périple de deux ans, prenant des photos au vol par la fenêtre de ma voiture.

2009, San Francisco. Je me revois il y a deux ans, assis à cette grande table, en face de l'un des spécialistes du pic pétrolier, Richard Heinberg[1].

Je l'interroge sur sa vision du monde. Ses yeux sombres, très vifs, me regardent un instant, puis il se lance dans une analyse factuelle de l'état des ressources de la planète et de l'appétit gigantesque de notre espèce. Ses mains de musicien accompagnent ses explications, tandis que ses traits, volontaires, s'animent. Je l'écoute. Son propos est étayé ; l'homme connaît ses dossiers, assurément.

Selon lui, la crise est due bien sûr en partie à de mauvaises politiques économiques, à des gestions maladroites ou à la corruption, mais elle a, à son sens, des racines bien plus profondes. Nous sommes de plus en plus à devoir nous partager – ou nous battre pour les obtenir – de moins en moins de ressources et nous ne voulons pas le reconnaître. Je sais sans doute inconsciemment ce qu'il énonce, mais tandis qu'il aligne faits et chiffres de façon si claire et précise, pour la première fois, je prends réellement conscience de la situation.

Le boy-scout que je suis se réveille bien tard... Je mesure à cet instant l'état du monde et sa fragilité. « Richard, n'êtes-vous pas un peu pessimiste ? – Non, me répond-il calmement, j'ai accès aux chiffres, à l'état des réserves énergétiques ; je suis réaliste. »

Ce jour-là, il me parle du pétrole en Arabie saoudite et de l'écart entre l'information qui nous parvient et la réalité. Richard sait déjà ce que le grand public n'apprendra par Wikileaks que deux ans plus tard, début 2011, en l'occurrence que, pour des raisons politiques et économiques, le plus gros producteur de pétrole au monde surestime sciemment l'état de ses réserves[2]. Je fourmille de questions. « Qui a connaissance de ces faits cruciaux ? » Richard sourit... « Les politiques, bien évidemment, mais leur problème est de se faire réélire. Ils ne peuvent s'assurer les suffrages des électeurs en promettant des lendemains qui déchantent. Alors, ils évitent, masquent, détournent... »

Au regard de l'histoire, on se rend compte que les gouvernements prennent rarement la tête des grands mouvements de réformes ;

1. Richard Heinberg, *Pétrole, la fête est finie ! Avenir des sociétés industrielles après le pic pétrolier*, coll. « Résistances », Éditions Demi-Lune, 2008.

2. Article de Matthieu Auzanneau, en ligne sur http://petrole.blog.lemonde.fr/2011/02/09/wikileaks-larabie-saoudite-ne-peut-plus-guere-augmenter-sa-production-de-brut/

c'est le peuple qui souvent les impose... « Quelle est la solution, Richard ? – Une vie plus simple et plus locale », se contente-t-il de me répondre. Cette vérité sonne comme une évidence pour moi qui ai vécu la plus grande partie de ma vie au sein de tribus reculées. « Mais... ici, aux États-Unis, le fer de lance de la consommation, y a-t-il des gens qui non seulement ont conscience de cela, mais agissent ? – Bien sûr, Éric. »

Qui étaient ces gens ? Comment vivaient-ils ? Étaient-ils heureux ? J'avais décidé de partir à leur rencontre.

Et c'est ainsi que je me suis lancé sur les routes de cette Amérique profonde que je ne connaissais pas encore. L'Amérique a depuis la dernière guerre moulé notre civilisation à l'échelle mondiale : le jazz, Hollywood, le Web, la publicité, Facebook... Il est intéressant, dans ce pays le plus riche, le plus puissant, le plus développé du monde, d'assister à la naissance d'un mouvement totalement à contre-courant.

Ce livre raconte cette histoire, mon expérience avec ces personnages, avec ces Robinsons, comme j'aime à les appeler. Avec ceux qui sont parvenus à sortir du « système », pour tenter de vivre en accord avec la nature. Ces hommes et ces femmes ont décidé d'opérer un grand retour en arrière, de ne plus laisser de traces, de « vivre léger » comme ils disent. Mais est-ce possible au XXIe siècle de vivre ainsi hors du temps ? D'aéroports en motels, de culs-de-sac en paysages sublimes, de gueules en gueules, je les piste, comme le ferait un trappeur, avec patience et persévérance. Je me montre aussi ouvert aux rencontres que réceptif au hasard. Ils se connaissent tous plus ou moins : l'un me renvoie à l'autre, qui m'adresse à un troisième...

Il y a chez eux folie, beauté, naïveté et contradictions, mais paradoxalement, sagesse et réalisme aussi. Ils ont cette aura, cette dignité de ceux qui vivent en accord avec eux-mêmes.

« *They walk their words* », littéralement ils « marchent leurs mots », comme le disent les Américains : ils vivent leur idéal. Des cas isolés ? Une poignée d'individus, des hippies, quelques écolos fanatiques, extrémistes, puristes à l'excès ? Non, des êtres réfléchis, travailleurs, posés, structurés. Aux États-Unis, on les appelle les « off the grid », littéralement les « hors-réseaux », et leur nombre ne cesse de croître.

En 2007, sur le sol américain, trois cent mille foyers avaient déjà franchi le pas.

En 2010, soit seulement trois ans plus tard, leur nombre s'élevait déjà à cinq cent vingt mille[3]. Concrètement, ils représenteraient aujourd'hui près d'un million d'âmes sur trois cent cinq millions d'Américains. Sommes-nous en train d'assister à la naissance d'un mouvement que seule l'Amérique est capable de produire ?

3. Nick Rosen, *Off the grid*, Penguin Books, 2010.

Sujet à la fois fascinant et dérangeant, comme j'allais le découvrir avec mes éditeurs, producteurs et même certains de mes amis. « Ils sont un peu frappadingues, ça n'intéressera personne ! » me suis-je entendu dire. J'ai senti un malaise, sans doute parce que, en choisissant la rupture, ces hommes et ces femmes questionnent les fondements mêmes de notre civilisation. Ils pointent du doigt le mythe du développement infini et, de fait, remettent en question notre société, ses valeurs, notre mode de pensée et de vie. Si leur démarche met mal à l'aise, c'est peut-être parce qu'il y a quelque chose de vrai dans tout cela.

J'ai plaidé, argumenté, bataillé… Mais en 2009, la presse ne veut rien entendre. La crise est trop présente. « *Damned !* Il y a là une histoire que personne ne voit… Je ne peux pas ne pas y aller. »

Il y a quelque part quelque chose de plus fort que moi qui me fait partir sur les chemins de mes peurs. Je suis un idéaliste, mais de nos jours, même sans se l'avouer, qui ne s'interroge pas sur son mode de vie ?

Église et grange à tabac entraperçues au détour de la route.

Gulf
Coca-Cola

J'ai roulé. Je suis sorti des villes et des grandes routes. J'ai exploré cette Amérique sauvage et inconnue, pour y découvrir cette « contre-culture ». Je me suis perdu dans les montagnes, j'ai mangé des hamburgers de viande d'ours et du ragoût d'écureuil, et j'ai exploré « the fly over country », cette Amérique que l'on survole, de New York à Los Angeles, sans jamais s'y arrêter. J'y ai vu des gens sur les petites routes saluer l'inconnu d'un grand geste du bras. Et je les ai rencontrés : John au Sud-Est, Mason, Tod et Talia au Centre, Lynx au Nord-Ouest, et bien d'autres encore.

Turtle Island

À New York, j'étais tombé sur l'étonnant livre d'Elizabeth Gilbert, The Last American Man. *Nous étions à la fin de l'été 2009 et je découvrais là, par hasard, la vie d'Eustace Conway, l'homme emblématique du mouvement des « off the grid ». Quelques semaines plus tard, je me retrouvais dans les forêts de Caroline du Nord, à Turtle Island Preserve, pour mon premier bond dans le temps et dans l'espace…*

Après un accueil chaleureux, le visage souriant d'Eustace a vite laissé place à un regard grave. L'homme ne musarde pas malgré ses petites tresses. Il se révèle même un travailleur acharné. À peine suis-je arrivé, il fait appel à mes compétences d'ébéniste. Me voici donc enrôlé pour réparer chaises et tables, tandis qu'il apprend à ses élèves à affûter les dents de sa scie circulaire. Les présentations ? Elles sont faites en un mot, un geste : « Éric, un photographe français ; mes étudiants à l'année. » Efficace, à l'image des cours qu'il donne depuis bientôt trente ans. Eustace avait dix-sept ans lorsqu'il a quitté sa banlieue natale. Il voulait vivre autonome dans la nature et transmettre ses connaissances. Il a réalisé son rêve : outre la demi-douzaine de stagiaires qu'il accueille à l'année, il organise des classes vertes chaque été pour permettre aux jeunes citadins de redécouvrir leur environnement. Son secret ? Pas de longs discours, juste la pratique.

Double page précédente
Garage en Caroline du Nord.

Eustace Conway apprend aux stagiaires à utiliser une scie circulaire datant des années 1930.

L'arrivée à Turtle Island Preserve.

Stagiaire à Turtle Island Preserve.

Ce voyage est devenu un questionnement avant tout, ou plutôt une façon de contempler notre monde sous un angle différent. Tout au long de ces chemins, mes certitudes ont commencé à évoluer… Qui de nous détient la vérité ? N'y a-t-il pas plutôt, comme souvent, une palette infinie de nuances ?
J'ai d'abord pensé appeler cette galerie de portraits *La Renaissance des tribus*. Mais ces hommes et ces femmes ne forment pas vraiment des tribus au sens où nous l'entendons. Ce sont plutôt des groupes dispersés sur un territoire vaste et encore peu peuplé. La seule entorse à leur vie déconnectée des réseaux, ce sont leurs *rendez-vous*, comme ils les appellent. Plusieurs fois par an, des milliers d'entre eux se retrouvent pour quelques jours. À l'ère du « *Yes, we can* », le spectacle est édifiant pour le découvreur que je suis. J'observe tout : les véhicules, les vêtements, les coiffures, les attitudes, les gestes. J'écoute les discussions, les réflexions, les attentes même. Sans aucun doute, je suis avec des gens hauts en couleur, des pionniers, un peu fous… Mais sont-ils plus farfelus que nos dirigeants politiques, banquiers, économistes, scientifiques et autres diplômés de grandes écoles qui nous incitent à vivre au-dessus de nos moyens et de ceux de notre planète ? Plus fantai-

sistes que ceux qui nous vendent nos énièmes écrans plats, ordinateurs et téléphones portables ? Plus inconséquents que nos ingénieurs et grands patrons d'industrie qui continuent à concevoir des produits à obsolescence programmée ? Plus insensés que ces salariés de l'industrie financière qui, pour augmenter les bénéfices de leur société, vont jusqu'à faire perdre de l'argent à leurs propres clients ? Plus spécieux que nos stratèges géopolitiques qui, sous couvert de démocratie et de patriotisme, justifient nos guerres de ressources ?

Ce livre est le portrait d'une Amérique méconnue, produit d'un mouvement inattendu et à contre-courant. D'une Amérique qui s'interroge, se remet en cause, s'autocritique... Comment même penser au futur quand la coque de l'un des plus gros paquebots planétaires craque ? Les impasses socio-économiques, la défaite du système éducatif, les krachs financiers[4], la crise du pétrole, la course aux ressources minières et, plus récemment, la répétition de catastrophes aux conséquences encore indéterminables, ont fait germer certaines consciences. Ne conviendrait-il pas en effet d'inventer un nouveau modèle de vie ? Un modèle où nul n'exploiterait l'autre, ni ne pillerait ses richesses actuelles ou futures[5] ? Une utopie ? Pas pour ces hommes.

Portrait de Snow Bear à Turtle Island Preserve.

4. Arianna Huffington, *L'Amérique qui tombe*, Éditions Fayard, 2011.

5. Dossier *Enter the Anthropocene: Age of Man*, in *National Geographic*, Volume 219, n° 3, mars 2011.

Bartending

Ce mouvement existe depuis de nombreuses années, mais il a progressé lentement, jusqu'à ce que l'ouragan Katrina frappe les côtes de la Louisiane en 2005. Quand l'essentiel de la ville de La Nouvelle-Orléans s'est retrouvé sous les eaux et que plus d'un millier de morts ont été pleurés, beaucoup d'Américains se sont mis à douter : « Si l'État le plus puissant du monde ne peut assurer notre protection, à nous de nous prendre en charge. » Dès lors, le retour à une vie plus indépendante et plus libre n'a plus été le fait de quelques-uns ; il est devenu soudain souhaitable et même salutaire aux yeux de milliers d'individus. La crise de 2008 qui n'en finit pas, la marée noire dans le golfe du Mexique en mai 2009 et, plus récemment, la catastrophe de Fukushima en mars 2011[6], n'ont fait que renforcer leurs convictions. Est-ce aussi simple ? Un retour en arrière est-il une solution, *a fortiori* « la » solution ?

Qu'adviendrait-il si l'un de ces « off the grid » se cassait une jambe, développait un cancer, ou si l'un de leurs enfants tombait gravement malade ? Ces Robinsons sont en général en bonne forme physique et connaissent les médecines naturelles... N'y a-t-il pas entre leurs choix radicaux et nos excès, un juste milieu ? Nos philosophes, spécialistes divers et politiciens y réfléchissent... eux agissent. J'ai à l'esprit l'image du hamster dans sa roue, ces salariés qui travaillent jusqu'à la dépression, jusqu'à l'épuisement, jusqu'au *burn out*. Et tout cela pour quoi ? Nous n'avons plus de recul. Nous oublions qu'il ne tient peut-être qu'à nous de sortir de cette impasse... « La vie est pourtant bien plus simple qu'on veut nous le faire croire », m'assure l'un de ces Robinsons, en m'énumérant sur les doigts de sa main les trois fondamentaux à leurs yeux : logement, nourriture et éducation.

Que diraient les anciens de tout cela ? Mamie, ma grand-mère, a quatre-vingt-seize ans. Je la revois encore, quand j'avais huit ou dix ans, faire dégorger les escargots, mettre en conserves les légumes du potager et manger les pissenlits que nous, enfants, avions cueillis... En deux générations, nous sommes devenus totalement dépendants des intermédiaires de toutes sortes.

On remercie la vie pour ce qu'elle nous donne : les amis, la nourriture, l'aide apportée...

Eustace au marché aux puces où il achète ses outils.

6. Dossier *Il faut changer de modèle !*, in *Alternatives économiques*, n° 301, avril 2011.

Le rideau

J'écoute Chris : « Jusqu'à l'âge de vingt-deux ans, je ne réalisais pas d'où venait ma nourriture, comment elle était produite...
Plus généralement, nous ne savons pas d'où vient notre électricité, notre essence, notre eau. Il y a un rideau entre nous et la source de ces produits que nous utilisons quotidiennement ; il y a trop d'intermédiaires aujourd'hui. C'est comme cela que naissent les empires. En rendant l'homme dépendant de facilitateurs, on l'enchaîne peu à peu à un modèle. »

Les « off the grid » ont chacun une histoire singulière mais tous ont quitté les « réseaux » en réaction à nos excès et m'ont paru heureux de la vie qu'ils se sont choisie. La nôtre, en comparaison, leur semble trop exposée aux aléas, trop fragile, trop soumise à des données sur lesquelles ils ont l'impression de perdre tout contrôle. Face à ce glissement, ils ont mis un frein : ils ont décidé de reprendre en main les rênes de leur vie.

Ils ont dit « non » au système. Ils ont fait le pari de la rupture et, à les en croire, s'en portent bien. Ils sont chasseurs, trappeurs ou fermiers à l'ancienne, mais la majorité d'entre eux vit en se contentant simplement de *moins*, tout en recherchant en permanence le *mieux*, à savoir l'acte le plus durable et le plus responsable. « Pourquoi ne pas nous satisfaire de ce que nous avons ici ? » me demanda un jour Mason en labourant son champ. Certains abandonnent ainsi la voiture pour revenir aux chevaux, tandis que d'autres la gardent mais la font rouler à l'huile de friture.

Différence de forme mais similitude de fond. Ces Robinsons se rejoignent tous en effet quant à leurs analyses de notre modèle. Comme Liam et tant d'autres, ils dénoncent ses failles : « L'hyperspécialisation qui caractérise notre société nous fragilise. Quand un maillon manque ou qu'un rouage se grippe, nous nous retrouvons démunis, tout se bloque, à l'image de la crise actuelle. » Les « off the grid » tendent au contraire à redevenir les extraordinaires généralistes que les hommes étaient avant de se regrouper en société complexe. Ils recherchent l'autosuffisance et de fait, ils construisent, réparent, cultivent, chassent, cueillent et cousent.

Libre et responsable

« J'en suis arrivé là parce que j'ai réalisé que, dans notre culture, nous ne sommes pas conscients du coût des choses, me dit de but en blanc Liam, un étudiant en économie de vingt-deux ans. Il y a tant de factures impayées… Notre impact sur la nature n'est jamais pris en compte, ou du moins, nous ne voulons pas voir ce que nos actions lui coûtent et coûtent au tiers-monde. Or, maintenant, dans ma vie, je veux être responsable de chaque chose que je fais. Je ne veux plus de coûts cachés, ni de tricheries. Je veux pouvoir mesurer tous les effets de mes actes sur la planète et sur mes semblables, afin de pouvoir répondre d'eux sans rougir. Je ne veux pas être la raison de la guerre au Congo à cause de mon téléphone portable, ou en Irak parce que je consomme du pétrole. Les coûts cachés sont si nombreux dans notre société que la plupart du temps, nous ne réalisons même pas les conséquences de nos agissements… Je veux être libre, libre et responsable. »

Liam et Nick dans l'atelier de Turtle Island.

La menace du prochain krach financier ? Elle leur échappe, tant ils sont en prise directe avec la réalité, leur réalité. Qui sont-ils donc ? Des épris de liberté, des esprits éclairés ou des fous ? Et pourquoi est-ce que je les cherche avec tant d'empressement ? Peut-être parce que, fondamentalement, je crois que nous avons été si loin que nous en sommes arrivés à perdre tout respect pour la Terre. Tout se résume à créer et à vendre des produits dont les gens n'ont pas besoin. D'« êtres humains », nous sommes devenus des « consommateurs ».

Eux « vivent léger ». Les plus radicaux ne dépendent plus de rien. Le gaz, l'électricité, les impôts, la télévision ou encore le téléphone sont, pour ceux-là, des abstractions. La question des énergies ? Ils l'ont résolue sans le long et fastidieux processus de décisions des plus hautes instances internationales. Au nucléaire, au pétrole, au coltan – le minerai rare de nos téléphones portables –, ils ont dit non. Aux panneaux solaires, même, ils ont dit non : pas recyclables ! Ils comprennent notre modèle économique comme un processus global, et savent le prix humain et écologique que représentent ces produits.

On les identifie encore difficilement, mais les adjectifs pleuvent pour tenter de les définir. Ils sont ainsi, tour à tour, qualifiés de minimalistes, survivalistes, écologistes, traditionalistes, naturalistes ou encore… utopistes. Il y a du vrai dans tout cela ; ce sont des « décroissants » de la mouvance radicale. Mais quels qu'ils soient, j'ai souvent vu dans leur visage et au fond de leurs yeux, la sérénité que seuls connaissent des gens qui réalisent leurs rêves.

À « Teaching Drum », Tim rapporte un lièvre qu'il a pris au piège.

La hutte d'hiver en tourbe inspirée de celle des Indiens Ojibwe qui habitaient autrefois la région.

« Les tambours de l'enseignement »

Nous sommes à la veille de l'effondrement de notre civilisation, Tamarack en est convaincu. Implanté en plein territoire ojibwe, une tribu dont les derniers survivants ont disparu au début du siècle dernier, il cherche à renouer avec les pratiques ancestrales de ce peuple. Ici, à l'extrême nord du Wisconsin, près de la frontière canadienne, la température peut descendre à moins quarante degrés l'hiver. Qu'importe. Voici quinze printemps à présent qu'il a établi son école sur ces terres. La « Teaching Drum » ainsi qu'il l'appelle, correspond à la fois à un centre d'initiation pour le retour à la vie sauvage, et à une communauté composée d'adeptes parmi les plus résolus. Peu à peu, j'apprends à les connaître, à commencer par Tamarack, le vénérable. Né dans une ferme, il est parti sur les routes des anciens pour découvrir leur mode de vie, et a même vécu un temps avec de jeunes loups qu'il avait adoptés… Désireux de transmettre son expérience et son savoir, il s'est mis à publier des ouvrages et a ouvert son centre. Quelle vie. Mais il semblerait pourtant qu'ici, tous aient une histoire singulière, que ce soit Tim, un archer hors pair et chasseur émérite, ou encore Thomas, un jeune Allemand qui pendant plusieurs années a alterné militantisme écologiste en ville et isolement en pleine nature, avant de choisir son camp…

Mon voyage est double. Il est bien géographique, avec la découverte des coins les plus beaux et les plus reculés des États-Unis. Mais c'est aussi un voyage dans le temps, car les modes de vie et les idéaux de ces Robinsons font écho à ceux qui ont fondé l'Amérique : l'amour du travail et, surtout, l'amour de la liberté.

Je m'intègre à eux comme je me suis intégré aux chasseurs de miel ou aux nomades du Dolpo, en partageant leur vie et leur labeur. Je suis un manuel. Je sais me servir d'une hache, d'un ciseau à bois ou d'une scie, charger et conduire des yaks ou un cheval, manger d'étranges choses, dormir à la belle étoile. Plus je voyage dans ce grand pays de contrastes, plus je me rends compte que ces « off the grid » sont la réaction naturelle – organique, presque – à l'hyper tout américain : l'hyperproduction, l'hyperconsommation, l'hyperactivité, l'hypercapitalisme, l'hyperindividualisme. Ils ne sont ni républicains ni démocrates, non, leur combat n'est pas là. En fait, ils en sont arrivés à ne plus attacher d'importance à la politique. Pourtant, en dépit de leur façon de vivre, décalée, et de leurs engagements très

DOUBLE PAGE PRÉCÉDENTE
À « TEACHING DRUM »,
LA TRAVERSÉE D'UN DES NOMBREUX
LACS GLACÉS EN FÉVRIER.

TIM ET TAMARACK DANS LEURS
FOURRURES DE COYOTE.

DOUBLE PAGE SUIVANTE
TIM VÉRIFIE LA RECTITUDE DE
SA FLÈCHE ALORS QUE THOMAS
ASSOUPLIT UNE PEAU DE RENNE
À LA LUEUR DU FEU DANS LA HUTTE
HIVERNALE.

forts, je ne relève aucun prosélytisme chez eux. Juste un choix de vie argumenté, de la part d'individus qui ne se retrouvent pas dans nos valeurs. Pourrais-je en faire autant avec tout ce que cela implique sur le long terme pour moi-même comme pour les miens ? Je les écoute ; ils me parlent en m'accordant leur amitié et leur confiance. En retour, ils me demandent de taire leur vrai nom et leur localisation, car ils ne veulent pas devenir des curiosités. La paix donc – si peu et tant à la fois. Ils ont ma parole.

France-États-Unis. Deux ans que je fais ces allers-retours pour découvrir leur histoire. Tandis que l'avion se perd dans les nuages encore une fois, je réfléchis, je prends du recul, j'essaye du moins... Font-ils partie de la solution ? Non, il n'y a pas suffisamment de terres pour que les sept milliards d'individus que nous sommes puissent vivre comme eux. En revanche, ils ne font plus partie du problème. Ils ne consomment presque rien, ils ne polluent pas davantage, ils n'exploitent pas le tiers-monde, ils n'ont plus guère d'impact carbone... Hé ! N'est-ce pas exactement ce que prônent ces gigantesques conférences internationales qui de Kyoto à Cancún et à Copenhague, publient rapport sur rapport sans jamais vraiment faire changer les choses ? Les « off the grid » ne sont-ils pas en ce XXIe siècle le modèle dont nous devrions nous inspirer ? Non, même si les consciences s'éveillent, même si la presse commence à se faire le relais des voix les plus diverses, tout cela fait encore trop peur, tout cela n'est que la vision de catastrophistes ! Et à ce qu'il paraît, la science est en train de trouver les solutions à tous nos problèmes, nous allons pouvoir continuer à exploiter sans fin une planète aux ressources limitées[7]...

Je me suis attaché à cinq personnages, à quatre parcours bien différents même s'ils convergent : John, le trappeur de Wall Street, Lynx, l'avatar du XXIe siècle, Mason, l'homme au bout de la route, et Tod et Talia, ingénieurs-glaneurs. Pourquoi eux ? Sans doute parce qu'ils correspondent à ce que je cherchais, à un blanc sur ma carte, et au-delà peut-être, à une recherche personnelle.

PAYSAGE AU DÉTOUR DE LA ROUTE.

« *Wake up Éric,*
you have a long road ahead of you... »

7. Cf. l'analyse de Jared Diamond, *in* Sharon Astyk, *Depletion and abundance, Life on the new home front*, New Society Publishers, 2008, p. 45.

WISEMA
CLOTHING
THIS E

John

Le trappeur de Wall Street

«le capitalisme américain! je m'assoie dessus...»

John

« In Nature, one find oneself[1] »,
Henry David Thoreau (1817-1862)

« Sois attentif », me dit John, alors qu'il marche devant moi au ralenti. Son corps est penché en avant, ses yeux sont plissés. Un coup d'œil à droite, puis à gauche… Quand il scrute ainsi les sous-bois, il est animal, tendu, tout entier concentré sur sa progression.

John a choisi de s'enraciner dans cette zone marécageuse du Sud-Est voilà quinze ans maintenant. Le décor est fantasmagorique. Nous parcourons une forêt de cyprès chauves dont les racines, comme d'étranges stalagmites, émergent du sol meuble et des étangs pour parfois atteindre notre hauteur. « Elles se dressent ainsi pour aller chercher de l'oxygène lorsque la forêt est inondée », me précise John. Tout autour, des eaux sombres, stagnantes, et le voile d'une brume épaisse concourent à la magie des lieux. Où êtes-vous alligators, moustiques et autres gardiens de ce royaume interdit ? Qu'importe pour John, il a trouvé là tout ce qu'un trappeur peut chercher : la solitude, une faune et une flore abondantes, et surtout, une vie sauvage, en marge du système.

Doubles pages précédentes
La chaise de John, tissée des cravates de son « ancienne vie ».

Les marais autour de la maison de John.

John zigzague entre les racines des cyprès qui sortent de terre comme des stalagmites géantes.

Page ci-contre
La cabane de pêche de John au milieu des marais.

Ci-dessous
John et Éric.

1. C'est dans la nature que l'on se trouve.

« Quoi ? Quand ? Qui a fait cela ? Qu'est-ce que ça sent ? Est-ce différent d'hier ? Si tu veux survivre dans la nature, tu dois tout observer, scruter, analyser. Tu dois noter chaque changement. »

J'acquiesce et le suis. Un pas de nouveau et John reprend : « En ville, tu sais où aller pour acheter ceci ou cela. C'est la même chose ici. Je sais où aller pour trouver telle plante ou tel animal. La connaissance de ton terrain est cruciale si tu veux vivre de la nature. »

Là où je vois seulement des arbres, des branches, un cours d'eau, des buissons, il devine la vie. « Tu vois, me dit-il en me montrant un arbre, un cerf est venu frotter ses bois contre l'écorce. Ici, un castor est passé il y a peu ; il a provoqué ce nuage de boue dans l'eau claire. » Il lit la nature comme on lit un livre. Il a appris ses codes et son langage. « Regarde ces arbres : des gommiers, des lauriers, des tupelos... que des essences qui aiment l'eau ; ce milieu est humide, marécageux, donc je trouverai des castors, des ratons laveurs et des canards. Si en revanche les pins prédominent, cela signifie que la terre est plus sèche. Tout change alors, la faune comme la flore ! » John est heureux de transmettre son savoir, sa compréhension du monde. « Sens, me dit-il, le nez en l'air. C'est un pin des marais coupé il y a peut-être soixante ans. » Il entaille la souche pourrie avec son poignard, et là, l'odeur me réveille. « C'est en distillant ce bois que tu obtiens l'essence de térébenthine. Un bon traitement pour les infections de la peau, et le bois brûle très bien même s'il reste humide à l'extérieur. » Le trappeur est déjà passé à autre chose : « Ici, vois ces grandes palmes. Le long de leur tige, elles ont de grosses épines en forme de crochets... c'est le palmier nain de Floride, l'arbre idéal pour construire

Chez John, natures mortes aux outils et carapaces de tortue.

John et quelques peaux de loutre devant sa bibliothèque.

un abri ou confectionner des cordages. Ses racines sont comestibles toute l'année. Même recouvertes d'eau, même brûlées d'ailleurs, elles continuent à pousser. » Il lève la tête et montre du menton une guirlande de mousse noire qui ondule dans les branches des cyprès. « Regarde, c'est de la mousse espagnole. Parfait pour cicatriser une plaie ou allumer un feu. Quant à l'arbre lui-même, l'intérieur de son écorce comporte des fibres très longues et très solides, utiles pour les cordages, les filets de pêche ou comme étoupe pour allumer un feu. Si tu veux survivre dans la nature, la première chose à faire est de mémoriser la terre, chaque arbre, trou, colline, ruisseau, rocher. »

J'avais immédiatement été intéressé par ce trappeur dont plusieurs personnes m'avaient parlé en chemin. Il m'a accueilli chaleureusement et je me suis installé dans sa petite maison de pêche, sur un méandre de la rivière. Nous parlons de la nature, mais aussi de l'état général de la planète, des ressources, de l'économie, il semble très informé.

Un matin, alors que chauffe le café, je m'assois sous l'auvent. Un souffle d'air frais fait voler contre ma joue un objet soyeux. Une cravate est nouée au montant de mon siège. Je m'étonne, me lève et m'aperçois que l'assise de ma chaise est faite d'un canevas de cravates multicolores. Lorsque John me rejoint avec nos mugs de café, je lui fais part de ma perplexité. « Ah, la chaise vient d'une décharge. Les cravates, elles... appartiennent à une autre vie. » Je plisse les yeux, demandant de plus amples explications. « Tu sais ce que c'est ? » me dit-il en montrant une cravate sur laquelle est tissé un symbole figurant un taureau et un ours rouge sur un fond de soie bleu sombre. Devant mon silence, il continue : « Les deux animaux qui se font face, c'est le symbole de Wall Street. Ils représentent le flux des capitaux, le combat des forces boursières. »

Que vient faire cet emblème du grand capitalisme dans cette hutte de trappeur aux murs inégaux, ornés de bois de cerfs, d'outils à main, d'un filet de pêche et d'une carapace de tortue ? Entre deux goulées de café, John entreprend alors de me raconter sa vie antérieure.

Parti de rien, sans diplôme, John s'est fait tout seul, exemple typique du *self-made man*.

Il quitte l'armée à vingt et un ans après qu'un mauvais accident de moto lui a évité de passer par la case Vietnam. Il achète sa première bicoque grâce à un prêt accordé aux anciens GI, la retape lui-même, puis la met en location. Le schéma économique est simple, mais fonctionne. Il récidive... et persévère. À seulement vingt-six ans, ses affaires tournent. Il se marie et devient père de deux filles. À cette époque, il loue trente-trois maisons. Rien n'aurait pu l'arrêter si la crise de 1973 n'avait éclaté... John essuie un premier revers de fortune et un divorce, mais il se relève vite. « Je deviens cadre chez IDS, une boîte spécialisée en assurances. Je réunis autour de moi une équipe très motivée avec laquelle j'élargis les activités en me lançant dans l'investissement divers, le conseil, la gestion de fortunes... J'en suis récompensé, ainsi que mes collaborateurs. IDS nous envoie en colloque à Atlanta, à Las Vegas... C'est la belle époque. Je suis habillé en dandy. J'ai le costume trois-pièces et la jolie raie sur le côté : toujours impeccable. Je joue au black jack et harangue les foules. Je leur parle de motivation, de développement, d'efficacité... J'y crois, je convaincs et j'en suis fier ! »

DOUBLE PAGE PRÉCÉDENTE
LA CABANE DE PÊCHE DE JOHN.
SON ATELIER SE TROUVE EN DESSOUS.

SUR LES ANCIENNES CRAVATES DE JOHN, L'OURS ET LE TAUREAU, SYMBOLES DE WALL STREET.

JOHN CONTEMPLE LA FORÊT ET LES MARAIS QUI ENTOURENT SA CABANE DE PÊCHE.

On parle de lui, il devient un exemple à suivre tant tout semble lui réussir. Il a rencontré Ann, une femme qui aujourd'hui encore, l'admire et le soutient. À la fin des années 1970, John gagne près de dix

mille dollars par mois. Il s'offre une grande maison à colonnades et une Cadillac décapotable. Sa femme roule au volant d'une belle voiture, quand ils ne partent pas en pleine nature à bord de leur luxueux camping-car suréquipé, voire de leur bateau à moteur. Le rêve américain, en somme. Quand IDS est rachetée par le mastodonte American Express, les choses s'accélèrent encore. John se fait creuser une piscine et, un soir, s'endort sous la paillote qui vient juste d'être dressée au bord de l'eau. Un peu trop de gin tonic peut-être ? Il a bien dormi, d'un sommeil profond, terriblement calme et profond... Au petit matin, effaré, il contemple son succès, sa maison, ses voitures. Il est atterré. Sa vie effrénée, le travail, le fric, plus rien n'a alors de sens pour lui. Il sait qu'il exploite ses clients car les taux d'assurance sont prohibitifs. Il connaît les petites clauses des contrats qui, au moment crucial, ressortiront : « Oui, mais voyez-vous, là... » En plus, ce ne sera pas lui qui aura à le dire, mais quelqu'un d'autre, dans un autre bureau, une autre ville. Tout est tellement impersonnel, déshumanisé dans ces grandes boîtes. John ne peut plus accepter ces mensonges, ces compromissions, ces magouilles, sa vie. « Et puis

Des souvenirs de l'ancienne vie de John : une maison somptueuse, une Cadillac rutilante, les collègues de travail, les casinos…
Et le début d'une nouvelle existence.

moi aussi, je me laisse exploiter par ma boîte, ajoute-t-il. Est-ce que j'y crois vraiment, moi, à leur histoire de super retraite, plus tard, de bonus ?... La vie c'est maintenant qu'il faut la vivre, alors que je suis encore jeune et plein d'entrain... » Et puis, il voit aussi les banlieues grandir, les malls gagner sur les forêts où il se baladait gamin, le néon remplacer les ciels étoilés. Il voit comme l'homme mange, dévore, exploite la nature.

Alors John se met à vivre deux vies. Pendant six mois de l'année, il continue à travailler comme si de rien n'était, avec costume et grosse cylindrée qui rassurent tout le monde. Le reste du temps, il s'évade, explore systématiquement chaque État de son gigantesque pays. Va dans les endroits les plus reculés, les plus préservés, pour y trouver un lieu où s'installer : avec de l'eau pure, des forêts, du gibier, du calme, de l'indépendance. Cette indépendance dont j'entendrai parler si souvent dans ces milieux « off the grid ». Dans le même temps, il s'initie à la vie simple : comment construire de ses mains sa propre maison, comment pêcher, chasser sans matériel sophistiqué. Il va de plus en plus loin, participant à des stages de survie extrême, il jeûne, médite... Choc des cultures, matérialisme contre minimalisme. Il mène cette vie schizophrène durant une dizaine d'années, jusqu'à ce qu'il se sente prêt à rompre avec la société. Devant son patron médusé, il récite en guise de démission ce fameux poème de Robert W. Service (1874-1958) sur lequel devait commencer bien des années plus tard le film culte de Sean Penn, *Into the Wild* :

Il existe le plaisir des forêts encore vierges

Il existe l'enchantement de la grève déserte

Il existe un monde qu'aucun homme n'a foulé

Ce sont les rives de l'océan qui nous berce de mélopées

Je ne méprise pas les hommes, mais je préfère la nature...

Il laisse l'essentiel de ce qu'il possède à sa femme : « *She got the house; I got the freedom*[2] ! » Avec le reste, il s'achète un lopin de terre contigu à deux mille hectares de marais qui ne pourront jamais être aménagés à cause des crues, ici même...

Quelle histoire ! Je suis impressionné, mais méfiant. Un tel récit me fait douter, au point que ce soir-là, j'écris dans mon journal : « L'histoire est trop belle pour être vraie. Le gars parle bien, cela se tient, mais méfie-toi des mythomanes Éric ! »

Le lendemain, au soleil levant, la brume a noyé la rivière. L'atmosphère est digne du meilleur Hitchcock ! L'envie me prend de sauter dans un canoë, mais je me ressaisis vite : non, pour les immersions dans la nature, j'aurai tout le temps. Je ne peux continuer cette histoire sans vérifier ce qu'il m'a dit hier. Je dois rencontrer Ann, son ex-femme. « Bonne idée ! » me répond John, enthousiaste. Nous sautons dans ma voiture tandis qu'il me lance, sourire aux lèvres : « Elle pense que je suis allé un peu trop loin. Elle aime le camping de temps à autre, mais pas tout le temps. » Des goûts à l'évidence peu compatibles avec son quotidien de trappeur, d'autant qu'Heather, une jeune Canadienne, partage sa vie à présent.

Après quelques heures de route, j'arrête la voiture à l'ombre de grands arbres, devant une maison de banlieue bien entretenue. Une dame un peu ronde et douce nous ouvre. John me présente ; mon accent « frenchie » la charme. Ann est une institutrice à la retraite, qui travaille encore à mi-temps. Nous nous installons au salon. John et moi nous regardons comme des gamins avec de grands yeux complices alors qu'elle disparaît pour faire du café. Tout est si propre, si ordonné : napperons d'un blanc impeccable sur la table, tasses multicolores aux soucoupes assorties sur une étagère, photos encadrées au mur, moquette épaisse... Nous dénotons dans le paysage, mais qu'importe. Ann est très attentionnée, heureuse de nous recevoir. Je la sens encore amoureuse de cet homme brillant et insaisissable, admirative et soucieuse aussi sans doute. Bientôt s'ouvrent les albums photo des temps révolus. Ensemble, ils commentent avec plus de détails encore ce que John m'a expliqué après la découverte des cravates. Je vois défiler cette autre vie. Ann me montre des articles de journaux où l'on voit son homme derrière

2. Elle a la maison ; j'ai la liberté !

le pupitre, dans un de ses discours motivationnels. Nous allons voir la maison, à l'autre bout de la ville. John me propose de jeter un coup d'œil sur la piscine. Ann s'offusque : « Mais il y a des gens… » Il n'y en a pas, en fait. Mais un chien hargneux nous empêchera d'aller voir l'endroit où John a eu sa révélation. À Wal-Mart, où j'achète un petit magnétophone pour l'interviewer, John rencontre la femme d'un de ses anciens confrères. Elle lui apprend qu'il vient de mourir d'une crise cardiaque et plus tard, il me le montrera : l'homme à la moustache, déjà un peu rond, qui se tient bien droit sur plusieurs des photos de l'album.

En rentrant dans son marais, John se jette avec plaisir dans le rocking-chair. « Tu vois maintenant, ce foutu capitalisme ? Je m'assois dessus », me dit-il avec un grand sourire. John voudrait vivre, me dit-il, comme avant l'agriculture, époque à laquelle naquirent « l'exploitation, la corruption, les rois, bref, le capitalisme ».

Pour cet ancien magicien de la finance, la nature est un puzzle. En regardant, en observant, il assemble les pièces et comprend la vie autour de lui. « C'est comme apprendre à se servir d'un ordinateur. Au début, c'est un peu affolant, jusqu'au moment où tout bascule… Désormais, je suis si affûté que je peux sentir l'harmonie ou l'inconfort de la forêt dans son ensemble, comme de chaque arbre en particulier. Les choses s'équilibrent dans la nature. Elles s'acceptent ou se rejettent. Rien n'échappe à cette loi ; pas même ma cabane de pêche. Elle doit créer une harmonie autour d'elle au bout d'un moment. Tel arbre pousse, tel arbre meurt, tel buisson se développe à son ombre… » Je passe des moments magnifiques dans les bois, sur les rivières, avec John. Le personnage est passionnant, passionné, intense, terriblement égocentrique, exaspérant parfois, mais… que dire quand on connaît son histoire ?

À l'exception de quelques rares virées en ville et excursions, John vit en quasi-ermite depuis les années 1990. Il a construit lui-même deux cabanes montées sur pilotis. Leur charpente est faite de bois de flottage et de matériaux récupérés dans des décharges. Il en bâtit actuellement une troisième, dans un arbre, à quinze mètres de hauteur. Sous l'une de ses maisons, il a installé un atelier où il travaille le bois avec des outils qu'il chine dans les marchés aux puces : haches, planes, ciseaux à bois, chignoles. Mais il vit le plus souvent dehors, en osmose avec la nature. Il part le matin sur son canoë, coiffé d'un bonnet de fourrure à la Davy Crockett, pour installer les pièges à castors, loutres et ratons laveurs dans les marais. Il chasse, pêche au filet, récolte les noix de pécan. Parfois, il se fait un peu d'argent en travaillant pour un voisin. Il connaît les décharges où récupérer les matériaux de construction, mais aussi les bennes de certains supermarchés où il cherchera son fromage, son pain complet et ses légumes.

John mène une existence paisible dans la nature, rythmée par les saisons. Il connaît le nom de chaque essence d'arbre, la moindre vertu des plantes médicinales.

Il offre un mélange complexe entre le prévisible et l'imprévisible, entre le trappeur pragmatique et le cérébral philosophe. Dans l'une de ses cabanes, deux murs entiers sont couverts de livres : ouvrages sur les Indiens d'Amérique expliquant leurs techniques de chasse, de pêche et leur habitation, guides de survie dans la nature, dictionnaires des plantes comestibles et médicinales, manuels sur les outils primitifs, recueils de recettes de cuisine de grand-mère, essais sur le système financier... Tiens donc ! J'en prends un : *How to prosper during the coming bad years*, sous-titre *A crash course in personal and financial survival*[3], par Howard J. Ruff. Je le feuillette ; tout y est développé, depuis la manière de choisir et stocker une année de nourriture, jusqu'aux investissements dans l'or, le diamant et autres valeurs refuges, en passant par le système bancaire, l'inflation, la déflation, la distribution de nourriture... un propos terriblement actuel en dépit de l'aspect fané du livre. Je regarde la date de publication : 1971 ! On se souciait déjà très sérieusement d'un effondrement à l'époque... Pourtant, même la première crise pétrolière quelques années plus tard n'a pas remis en cause le fonctionnement du monde que John rejette.

La bibliothèque de John et ses nombreux ouvrages sur la vie dans la nature.

3. *Comment prospérer durant les mauvaises années à venir. Un cours intensif de survie personnelle et financière.*

The Forager's Harvest EDIBLE WILD PLANTS
SAMUEL THAYER
GILMORE Uses of Plants by the Indians of the Missouri River Region, Enlarged Edition
HOW TO IDENTIFY PLANTS L. W. DURRELL
Euell Gibbons
stalking the wild asparagus
HOOD
Gibbons STALKING THE BLUE-EYED SCALLOP
McKay
'Eat the Weeds'
BEN CHARLES HARRIS
The Basic Essentials of EDIBLE WILD PLANTS & USEFUL HERBS
WILD EDIBLE FRUITS AND BERRIES
NATUREGRAPH
Hall · THE WILD FOOD TRAILGUIDE
Holt Rinehart Winston
Field Guide to EDIBLE WILD PLANTS
STACKPOLE BOOKS
EDIBLE AND USEFUL WILD PLANTS Of the United States and Canada
Dover
An Instant Guide to EDIBLE PLANTS
Coon
Using Wild and Wayside Plants
Dover
Edible and Medicinal Plants of the West
Tilford
GINSENG AND OTHER MEDICINAL PLANTS
WILD RICE and the OJIBWAY PEOPLE
VENNUM
MHS PRESS
Hedrick
Sturtevant's Edible Plants of the World
Dover
Erichsen-Brown
MEDICINAL AND OTHER USES OF NORTH AMERICAN PLANTS
PETERSON FIELD GUIDES EDIBLE WILD PLANTS
WILD EDIBLE PLANTS
PETERSON FIELD GUIDES MEDICINAL PLANTS
A Field Guide to Medicinal
Densmore
How Indians Use Wild

Hunt THE COMPLETE HOW-TO BOOK OF INDIANCRAFT
AUTHENTIC INDIAN
How to Sew Leather, Suede, Fur
WORKING WITH THE
The American Indian Craft Book
INDIAN Crafts and Skills
THE INDIAN HOW BOOK
Appalachian
Splint Woven Baskets
Baskets from Nature's Bounty
Indian Basketry and How to Make Baskets
JAMES
THE BOOK OF
AMERICAN BASKETRY
THE BOOK OF BUCKSKINNING
THE BOOK OF BUCKSKINNING III
THE BOOK OF BUCKSKINNING V
KNOTS
and tanning
TAMARACK SONG
JOURNEY TO THE ANCESTRAL SELF
STATION HILL
THE GREAT PATH OF AWAKENING
THE PEACEFUL WARRIOR
Shamanic Experience
Kenneth Meadows
ELEMENT
THE SECRET WORLDS OF COLIN FLETCHER
Lopez
OF WOLVES AND MEN
Scribners
TEACHINGS
THE COSMOS OF THE AMERICAN INDIAN
ANPAO AN AMERICAN INDIAN ODYSSEY
THE GOSPEL OF THE REDMAN
Grinnell
Blackfoot Lodge Tales
A FIELD GUIDE TO CONSERVATION ARCHAEOLOGY IN NORTH AMERICA
LABY
LEAF

John est très volubile, vif, curieux, heureux de faire découvrir son univers au « Frenchie » venu de si loin. Le lendemain, nous repartons. Expédition aquatique cette fois. J'adore prendre le long canoë en alu, me perdre à loisir dans les méandres infinis de la rivière, explorer les passages sous les arbres et me livrer à un jeu de zigzags entre les genoux des cyprès... Soudain, un héron cendré jusqu'alors totalement invisible étend ses ailes immenses et s'envole devant nous. Je sursaute. « Hé, Éric ! s'exclame John en tendant les bras vers le paysage, cette vie, c'est bien mieux que le câble, non ?! » Il continue : « Ici on est devenus les champions du divertissement. » Il évoque cette fameuse *entertainment industry* dont Hollywood est devenu le fer de lance planétaire. « On nous distrait avec ces spectacles, ces films, ces jeux vidéo, ces informations, tellement d'informations qu'on finit par ne plus rien comprendre du tout. Nous avons perdu le contact avec la réalité, avec les choses importantes, dans lesquelles nous pouvons pourtant encore jouer un rôle. Les classes moyennes sont laminées par les crises successives, les délocalisations, l'inflation, le gel des salaires, le chômage. Alors que les banques sont de plus en plus riches, incontrôlées et incontrôlables. Nous sommes devenus des esclaves, des zombies, inconscients de la fragilité de cette vie virtuelle dans laquelle nous sommes immergés de plus en plus. J'étais devenu cet homme qui trébuche en pleine course et qui, pour ne pas s'écraser au sol, se doit de courir encore plus vite. » Il me regarde, je grince des dents et reste silencieux.

Tels les animaux qu'il côtoie dans la forêt, il cherche chaque jour à se fondre un peu plus dans les décors sauvages des marais. « Souvent, j'imite le langage corporel des chevreuils. Je me mets à quatre pattes, je fais semblant de mâcher un brin d'herbe, je me frotte le flanc contre un tronc d'arbre... Au bout d'un moment, trois ou quatre chevreuils m'entourent. Ils me prennent pour une étrange espèce d'herbivore, j'en suis sûr... » Une espèce à part assurément.

Double page précédente
John, dans son manteau de laine, parcourt son domaine sur une barque.

Page ci-contre
Heather et John à l'intérieur de la cabane de pêche.

Celui qui a roulé sur l'or se contente à présent de cinq mille dollars par an. Il vit de la vente de ses peaux de castor, raton laveur ou loutre et de travaux de bricolage pour de lointains voisins. Avec l'argent, il paye l'essence et l'assurance d'un pick-up qu'il utilise avec parcimonie, et sa taxe foncière. Parfois, il complète le budget avec des tickets alimentaires. Pour le reste, il se débrouille tant bien que mal, tantôt trappeur, tantôt coyote de décharges…

« Nous n'avons pas besoin de tout ce que nous possédons. Les animaux n'ont pas de sac à dos. Un coyote n'a pas de carte de crédit, et je n'ai jamais vu un geai bleu en retard pour le paiement mensuel de son hypothèque, ni un castor chassé de sa maison pour loyer impayé ! »

« J'ai choisi les marais, m'explique-t-il, parce que les gens en ont une peur bleue. Les paysans ne les aiment pas, rien n'y pousse et puis, tous les ans, ça bouge, l'eau monte et descend, ici de trois ou quatre mètres. Même les chasseurs n'y viennent pas. Pourtant, il y a tant de vie sauvage, tant de choses à manger… bien plus que partout ailleurs. Même affamés, les citadins n'y viendraient pas. Ils iraient sur les parkings et appelleraient monsieur le maire. Ils ont peur du noir; ils ne savent pas vivre sans électricité. Durant le *ice storm* qui a paralysé le Kentucky et l'Indiana il y a deux ans, le lait a tourné dans les frigos qui ne fonctionnaient plus à cause des coupures d'électricité. Les gens n'ont même pas eu l'idée de le mettre sur le rebord de la fenêtre ! En cas de pépin, les gens se lamentent et attendent que le shérif ou le gouvernement vienne les tirer de là. Et si, comme à La Nouvelle-Orléans, ils ne venaient pas ? Les habitants des villes sont complètement dépendants. » John, comme les autres « off the grid », a appris à agir par lui-même. Il se penche vers moi et chuchote : « RESPONSABILITÉ ». Il parle lentement en détachant les deux mots : « RESPONS... ABILITY. En comprends-tu le sens ? La capacité de donner une réponse, c'est-à-dire la possibilité de prendre une décision, d'agir par soi-même en cas de problème. De ne pas demeurer inutile, les bras ballants, à attendre je ne sais quoi... »

Cet homme est brillant, il adore manier les mots, il a besoin d'un auditoire. C'est sans doute pour cette raison qu'il était si bon commercial.

« Le capitalisme est basé sur l'excès, la cupidité et l'ego ; il tend à détruire. C'est une loi aussi universelle que le principe de la gravité... L'exact contraire de ce que je veux vivre ! » Il poursuit : « Tu sais, notre civilisation, c'est maintenant cinq énormes trains de marchandises qui roulent en parallèle :

– l'économie qui stagne ;

– les changements climatiques et les catastrophes naturelles ;

– les ressources qui s'amenuisent et notre demande qui augmente ;

– les tensions sociales et la différence grandissante entre les nantis et les pauvres ;

– la montée du terrorisme et les guerres ;

– la démographie galopante. »

Il remarque qu'il vient d'énoncer six points... « Qu'importe. Tout est plus ou moins imbriqué, et quand l'un de ces trains va dérailler, tout va dérailler et ça va faire mal. Toutes les civilisations se sont effondrées : les Grecs, les Romains, les Égyptiens, les Mayas, les Aztèques, les Sumériens... »

Il est convaincu que la vraie crise reste à venir.

JOHN AU PIED DE SON VIEUX CHÊNE.

DOUBLE PAGE SUIVANTE
RETOUR À LA RÉALITÉ À LA TOMBÉE DU JOUR.

Il dit que lorsqu'il sentira sa mort venir, il ira encore plus profond dans les marais, se construira un abri au pied d'un grand chêne et se laissera mourir, plutôt que d'aller dans une maison de retraite ou dans un hôpital. Ainsi qu'Ann et ses anciens collègues d'American Express me le disent, quand John veut quelque chose, il le fait – et quand il ne le veut pas, il ne le fait pas.

Le dernier soir, John m'accompagne à l'hôtel, car mon vol pour Dallas est à 5 h 30 le lendemain matin. Nous avons arrangé un rendez-vous avec l'un de ses anciens collègues qui vient nous rejoindre au bar. Ils parlent du temps où ils travaillaient ensemble et surtout de la façon dont ils ont fait connaissance. En rentrant tard chez lui, John avait remarqué pendant plusieurs nuits d'affilée de la lumière dans une officine concurrente.

« Tiens, un homme motivé », s'était-il dit. N'y tenant plus, il avait tout bonnement frappé à sa porte pour le débaucher. Je les observe évoquer le passé avec nostalgie. Il me semble parfois lire sur le visage de l'ancien collègue de John un petit sourire moqueur lorsqu'il regarde son ex-patron. Mais ce que je perçois surtout, c'est un profond respect, ce respect que l'on porte aux hommes qui vont jusqu'au bout de leurs rêves. Je regrette encore de ne pas avoir osé leur demander de les prendre en photo, debout dans le lobby alors qu'ils se saluent très dignement. L'un au bonnet de raton laveur et chemise à carreaux rapiécée, l'autre en costume cravate.

Lynx

L'avatar du XXIe siècle

Voyage à l'âge de pierre

Lynx

Doubles pages précédentes
Portrait de Lynx qui me guidera pendant plusieurs semaines au cœur de la forêt.

Lynx surplombant le lac Chelan.

Lynx et ses chevaux Chaco et Christie.

Page ci-contre et ci-dessous
Lynx taillant un silex à l'aide d'une corne de renne.

Lynx marche le long du torrent, elle prend un galet, le fait sonner contre un autre, le tourne, le soupèse, l'examine. Elle le repose, en ramasse un autre, répète les mêmes gestes. Volume, forme, poids, densité, sonorité… Lorsqu'elle a trouvé le bon, elle en fait éclater l'extrémité sur un gros rocher enclume qui trône sur la berge. Elle tient à présent un éclat bien tranchant, mais continue à fouiller la rive. Elle dégage une branche cassée grosse comme le poignet et bien sèche. « Peuplier », dit-elle. D'un geste assuré, elle la fend en son milieu avec sa lame. Elle a deux planchettes désormais. Satisfaite, elle se dirige vers la prairie. Là, à côté de notre camp, se dressent de hautes plantes. Les tiges de molène lui arrivent à mi-corps. Elle en arrache une bien droite et en coupe un tronçon de cinquante centimètres. Puis à l'aide de sa pierre tranchante, elle amorce un trou dans la planchette de peuplier, qu'elle fait correspondre à une encoche sur le côté. Elle est avare de mots, très concentrée sur ses choix, ses mouvements. Elle s'agenouille, coince la planchette sous son pied, y pose le bout de sa longue tige de molène… elle est prête. Elle se concentre, prend sa respiration et, énergiquement, dans un effort intense, commence à faire tourner le bâtonnet entre ses mains. Nous la

regardons faire en silence. La tige pivote de plus en plus vite entre ses paumes, grince sur la planchette. Quatre à cinq minutes s'écoulent. Son souffle s'accélère, la sueur perle sur son front. Enfin, une fumée s'élève. Elle repose la tige, tapote sur la planchette. Une sciure noire, dans laquelle brille une minuscule braise, s'est déposée sur un morceau d'écorce. Doucement, elle souffle pour l'alimenter en oxygène. Puis, lorsque la fumée s'épaissit, elle dépose la braise dans un lit d'herbe sèche qu'elle a pris soin de confectionner au préalable. À présent, son souffle se fait plus lent et vigoureux, jusqu'à ce que la flamme surgisse d'entre ses mains. Elle la dépose au sol et ajoute quelques fines brindilles. Le feu est là.

Quelques jours plus tôt, alors que je déjeunais avec elle dans un restaurant mexicain, Lynx m'avait lancé : « Regarde autour de toi. Que peux-tu faire de tes propres mains ? » J'avais hoché la tête : tables, chaises en Formica, luminaires, carrelages, assiettes, couverts, nappes en papier, le tissu de mes vêtements… Je devais me rendre à l'évidence, rien, rien du tout. Lynx, ce matin-là, venait de me faire une démonstration magistrale du contraire.

Cela faisait déjà plus de six mois que je parcourais le Midwest. Lorsque je posais la question de savoir qui vivait le plus proche de la nature, le nom exotique de Lynx revenait régulièrement. Elle suscitait des commentaires passionnés : belle, charismatique, très respectée, sans doute une des personnes les plus aptes à une immersion totale, mais fanatique, despotique, extrême. De toute évidence, nous devions nous rencontrer. Et voilà, j'étais avec elle et une poignée d'élèves en pleine montagne.

L'art d'allumer un feu par friction.

Elle a quarante-deux ans et mène une existence semi-nomade aux États-Unis depuis près de vingt ans. Elle possède une yourte mais, cinq mois par an, elle rompt avec ce confort relatif pour transmettre sa connaissance des techniques de la préhistoire à un petit groupe de stagiaires.

Lynx vit dans les Rocheuses. Pour la trouver, il convient de laisser sa voiture derrière soi, d'avoir un bon sens de l'orientation et d'aimer marcher. Je suis les indications qu'elle m'a données dans un e-mail : une vallée profonde, un petit sentier au milieu des pins, un torrent... soudain, j'aperçois ses deux chevaux, Chaco et Christie, à l'entrée d'une clairière. Et Lynx apparaît, blonde et élancée. Elle est vêtue d'une robe en peau de daim et s'avance avec un sourire rayonnant. Elle me montre son domaine, la forêt, les clairières. « Je n'ai pas d'argent mais je vis comme une millionnaire, me dit-elle en guise d'accueil. Je vis dans les plus beaux coins des États-Unis et on m'y laisse faire plus ou moins ce que je veux. » Il est vrai que le paysage est à couper le souffle. Lynx a regardé mon travail sur le Web et connaissait mon film *Himalaya, l'enfance d'un chef*. Rassurée par mon expérience, elle a rapidement confiance en moi. Les présentations sont rapides et faciles. Dès le début, je décide de me plonger totalement dans cette aventure. Depuis un moment déjà, j'ai changé d'alimentation pour me préparer au régime « *stone age* » : plus de sucre ou de féculents, pas trop de fruits et beaucoup de viande. Une heure après mon arrivée, je me lance dans la confection de mes vêtements et mocassins avec les peaux de daim qu'elle a mises de côté pour moi. La nuit même, je dors sous un arbre dans une peau de bison.

J'écoute Lynx : « Le plus grand drame de notre époque, c'est d'avoir perdu le contact avec la nature. La moitié de la population vit en ville. La nature n'est jamais prise en compte. On pille ses ressources, on y jette nos déchets. On prétend l'aimer... mais si c'était vrai, on ne

DOUBLE PAGE PRÉCÉDENTE
LE LAC DAGGER ET SES ENVIRONS.

PAGE CI-CONTRE
LYNX ET SA YOURTE OÙ ELLE RÉSIDE L'HIVER.
DANS LA YOURTE, LYNX FABRIQUE SES BOUGIES POUR L'HIVER.

la traiterait pas ainsi. Cette déconnexion avec notre mère, cette vie entre béton, macadam et néons, nous durcit et nous fait perdre nos repères. Nous devenons égoïstes, méfiants, solitaires, calculateurs, car nous sommes devenus des orphelins. Nous avons oublié notre place dans l'univers. Ici, dans la nature, le cœur de l'homme s'ouvre, il retrouve sa modestie, il écoute. » Mais tout cela, elle ne le savait pas dans sa jeunesse. À dix-huit ans, Lynx, suédoise par sa mère et anglaise par son père, était une révoltée, une gamine punk qui entre Amsterdam et Londres, se cherchait, essayant avec « sex, drug and rock'n roll » de combler ce mal de vivre, ce vide incommensurable qu'elle avait en elle. Vie suicidaire entre squats, paradis artificiels, The Clash, David Bowie et Iggy Pop. Alimentation « bio » et histoires de cœur plutôt éphémères. Lynx l'avoue elle-même : si elle avait continué sur ce chemin, elle serait morte à présent. Mais à vingt ans, un de ses boy-friends l'emmène aux États-Unis et c'est là que grâce à une autre figure incontournable du mouvement, Tom Brown, elle découvre la nature. C'est ce qui lui a sauvé la vie, me dit-elle. La forêt est devenue son Église.

Lynx a fondé son école, le Four Seasons Prehistoric Projects, en 2001. Ses élèves ont des profils bien différents. Ils sont biologistes, étudiants, artistes, fermiers… Les Américains sont majoritaires, mais selon les années, des Anglais, des Allemands, des Scandinaves et des Français viennent en grossir les rangs. L'expérience qu'elle propose est unique au monde et on vient de loin pour la vivre.

J'ai énormément de retard à combler. Les étudiants de Lynx sont ici depuis trois mois et demi et sont en avance sur moi.

DOUBLE PAGE PRÉCÉDENTE
LYNX ET SON CHEVAL CHACO TRANSPORTENT LE BOIS POUR L'HIVER.

CI-DESSOUS
ÉRIC PRENANT DES NOTES DANS SON CARNET DE VOYAGE PENDANT UNE COURTE PAUSE.

PAGE CI-CONTRE
BALADE À CHEVAL ET CHASSE DANS LES IMMENSES PAYSAGES PARSEMÉS DE RIVIÈRES ET DE CASCADES.

Durant cette première phase de transition, Lynx leur a appris à se débarrasser de tout ce qui appartient au XXIe siècle. Les vêtements de toile sont remplacés par des vêtements de peau, qu'ils ont tannés et cousus eux-mêmes, leurs chaussures de caoutchouc par des mocassins, leur nourriture de supermarché par des plantes, racines et fruits qu'ils ont récoltés.

Mais manger, ce n'est pas seulement la cueillette, c'est aussi la chasse. Ce qui implique de tuer. Elle nous apprend à le faire avec grand respect, avec deux moutons que nous dépeçons et dont nous découpons et séchons la viande et tannons les peaux pour le voyage. « Si nous devions tuer et découper la viande que nous avons envie de manger, dit Lynx, si nous devions abattre et débiter le bois dont nous avons besoin, nous serions plus responsables, plus frugaux, en voyant et en comprenant, au plus profond de nous, l'impact, la gravité de ce que nous faisons. »

PAGE CI-CONTRE
DE GAUCHE À DROITE ET DE HAUT EN BAS :
MES COMPAGNONS DE VOYAGE : JOHN MICHAEL, JOHN THOMAS, NAOMI ET DAN.

CI-DESSUS
TANDIS QUE LYNX FAIT SON PAQUETAGE, DAN RÉPARE SA HOTTE.

La chanson du daim

Tu as donné ta vie avec tant d'innocence
Tes grands yeux bruns fixant les miens
Une ombre fugitive est passée
Ton esprit s'envolait dans le vide
Ami magnifique à tout jamais,
Des pas gracieux sur le tapis de la forêt
Ponctuaient d'empreintes ta signature
Nous chantons la chanson du daim
Le choix est fait, vivre ou mourir,
La flèche qui lentement entre dans le champ de vision
Vibre, tendue en équilibre
Le cœur suspend son battement en moi, en toi, et tu meurs
Ami magnifique...
Des enfants s'élancent joyeusement
À nouveau, tu cours, ta peau les couvre,
Tu nous nourris de ta chair
Dans la danse sacrée de la vie
Ami magnifique...
Nous te remercions, nous te remercions, nous te remercions

Lynx, août 1995

LYNX S'ENTRAÎNANT À TIRER À L'ARC
AVANT DE PARTIR À LA CHASSE.

Ils apprennent à façonner leurs arcs et leurs flèches. Ma part de nourriture sauvage a été mise de côté. J'ai huit jours pour compléter mon équipement. Alors nous ferons ce bond vertigineux d'avant le métal, jusqu'à l'âge de pierre. Cette fois plus d'aiguilles, mais un poinçon en os, plus de lames, de couteaux, seulement des éclats de pierre. Je ne garderai que mon Leica, mes films, un carnet et un stylo. Nous devons devenir totalement autonomes.

La sélection naturelle est impitoyable : des quatorze élèves que comptait l'école en mai, il n'en reste plus que quatre. Cette hécatombe n'est pas seulement due à la dureté physique de cette vie. « Bien sûr, pour vivre ainsi dans la nature, il faut être en forme et apprendre à maîtriser les techniques primitives, remarque Lynx, mais il y a plus important encore : il faut former un clan avant tout, il faut apprendre à communiquer, à vivre ensemble, à accepter l'autre, ses différences, sa complémentarité. On ne peut survivre qu'ensemble. Dans la société actuelle, c'est tout le contraire. Le Web, les textos, les jeux vidéo, les ordinateurs nous isolent de plus en plus. Connais-tu ton voisin, connais-tu ses problèmes, ses parents, sa femme, ses enfants, ses rêves ? Peux-tu compter sur lui et lui sur toi ? »

À vingt-six ans, John Michael, un cartographe de *National Geographic*, en avait sa claque d'envoyer toujours les mêmes mecs – « comme toi, Éric! » me dit-il – vivre de superbes aventures. « Alors j'ai tout plaqué pour aller vivre celle-là. » Je souris ; il sourit. Nous sourions tous. Bien sûr, c'est tellement compréhensible. Naomi et Dan ont un tout autre profil. À la trentaine, ils travaillent déjà dans une école de retour à la nature dans le nord de l'Angleterre. Ils voulaient pousser plus loin leur expérience, enrichir leurs connaissances techniques et botaniques. Quant à John Thomas, malgré son jeune âge – vingt ans – et son très grand calme, il est terriblement motivé.

JOHN MICHAEL PRÉPARE SON PAQUETAGE AU PETIT MATIN.

LYNX APPREND À JOHN MICHAEL À ALLUMER UN FEU PAR FRICTION.

DOUBLE PAGE SUIVANTE
APRÈS UNE NUIT DE BIVOUAC SOUS LA PLUIE, NOUS FAISONS SÉCHER NOS VÊTEMENTS ET NOS COUCHAGES EN PEAUX.

J'aime travailler avec mes mains. J'assemble les pièces de cuir, les monte et les couds. Je me rends compte que mon premier métier d'ébéniste me sert énormément. Instinctivement, je retrouve les gestes qu'on m'a enseignés lorsque j'étais apprenti. Contrairement à mes compagnons, je sais évaluer les proportions, jauger la résistance des matériaux, affûter mes outils. Vingt-quatre heures m'ont suffi pour réaliser ma veste. Alors qu'à l'ombre d'un arbre je découpe les franges du vêtement, je me souviens de moi, gamin, jouant aux cow-boys et aux Indiens dans notre HLM. Parmi mes figurines en plastique, il y avait Davy Crockett, que j'abritais des soldats mexicains derrière les cubes de bois de mon Fort Alamo. Lui aussi avait des franges sur les épaules, et me voici à cinquante-sept ans en train de faire les miennes...

Dans sa quête, Lynx est passée avec sa yourte du Nouveau-Mexique au Nevada, à l'Oregon, pour se frotter à des milieux différents. En chemin, son prénom Lise s'est transformé tout naturellement en Lynx, son animal totem associé au vent dans la mythologie amérindienne. Il lui convient bien : « Je veux vivre le plus léger possible, ne pas laisser de trace, aussi impalpable que la brise. »

Hormis de rares incursions à « la ville » avec son vieux pick-up pour vérifier ses e-mails ou faire quelques courses, elle vit très frugalement.

Sa seule source d'argent, ce sont les donations que lui font ses étudiants pour les cinq mois de cours qu'elle donne chaque année. Elle a besoin de cinq cents dollars par mois, me dit-elle.

Lynx a une fille de dix-huit ans, à qui elle a prodigué les deux éducations : celle de la nature, et celle, plus classique, du *home schooling*. Cela a permis à l'enfant de s'intégrer à l'école à douze ans, auprès de son père à Seattle où elle fait à présent des études de commerce international... Elle est très belle, lumineuse comme son nom le laisse présager : Klara. Elle est aussi à l'aise à la ville, dans son jean et ses baskets, que dans la forêt où elle trouve tout naturel d'allumer le feu par friction, de marcher pieds nus sur les sentiers ou de dormir à la belle étoile.

LYNX EXAMINE DES CROTTES D'OURS DANS UN PARTERRE DE BAIES SAUVAGES.

La veille du départ, nous préparons nos charges. Dans ma peau de bison, j'ai un gros sac de pemmican (viande séchée mêlée de graisse d'ours), un de baies séchées, deux pots de terre, mon bol de bois creusé au feu, quelques éclats de silex enveloppés dans un morceau de cuir pour ne pas les émousser, une alène en os, un nécessaire pour faire le feu, ainsi qu'un peu d'étoupe. Des chutes de cuir pour faire des réparations, un gilet en laine feutrée, une « cougourde » remplie de graisse d'ours, un grand lien de cuir en guise de cordes et de bretelles pour porter ma charge. Le tout pèse trente kilos, sans les Leica et les films. Nous laissons tout le reste derrière nous : chaussures de randonnée, chaussettes et sous-vêtements, allumettes et briquets, lampes frontales, montres, Leatherman (pince multifonctions), réchauds... Pas de tente ni même de plastique pour nous protéger du mauvais temps, pas un seul vêtement de rechange.

Les élèves ne portent que ce qu'ils ont appris à faire par eux-mêmes ou à récolter. Je suis une exception avec mes Leica et mon pantalon de toile que je n'ai pas eu le temps de remplacer par sa version en cuir. Lynx remarque en me voyant : « Te voilà bien plus léger sur la planète que lors de tes randonnées himalayennes, avec tes réchauds à pétrole, tes gamelles en alu, ton Gore-Tex et tes pompes en caoutchouc. »

Mais il n'est plus temps d'analyser, de penser, il est temps d'agir.

PAGE CI-CONTRE
L'ÉCOLE DE LA NATURE : GRÂCE AUX ENSEIGNEMENTS DE LYNX, UN MONDE S'OUVRE À NOUS.

CI-DESSOUS
ALLUMAGE DU FEU À L'AIDE D'UN ARC ÉGYPTIEN : TOUT UN APPRENTISSAGE.

Il fait chaud, John Michael s'arrête au bord du chemin ; il est torse nu. Il attrape prestement quelque chose sur sa poitrine et le met dans sa bouche. Je lève les sourcils. « As-tu déjà essayé les fourmis ? – Non. – Elles sont très rafraîchissantes avec leur petit goût de citron, mais fais attention : une fois en bouche, il faut les mordre avant qu'elles ne te pincent la langue. » J'essaye. Assez croquant, craquant devrais-je dire, cette carapace, et en effet, ce goût de citron qui ressort…

Nous sommes partis pour trois semaines. Pour cette première nuit, nous bivouaquerons près d'un lac, sur une crête. Pour l'heure, nous nous baignons, buvons aux ruisseaux et mangeons des baies. Dans une poignée de jours, les quelques nourritures qui nous restent de la « civilisation » – lentilles, müesli et fruits secs – seront épuisées. Nous ne mangerons que ce qui a été récolté cet été et ce que nous trouverons alentour.

Je nous regarde, tous habillés de peaux, la barbe longue, nos sacs énormes, la nature sauvage tout autour. Nous sommes complètement dingues. Je suis avec une bande de « zozos »… Mais je suis venu jusqu'ici, allons jusqu'au bout.

DOUBLE PAGE PRÉCÉDENTE
LE GROUPE À LA RECHERCHE D'UN LIEU PROPICE POUR ÉTABLIR LE BIVOUAC.

CI-DESSOUS
LA CUEILLETTE DES BAIES SAUVAGES.

PAGE CI-CONTRE
LE BIVOUAC AUTOUR DU FEU.

John Michael prépare un thé d'aiguilles de pin dans un pot de terre. Nous sommes en septembre, au début de la saison de chasse. Lynx revient au camp avec, à la main, un coq de bruyère tiré à l'arc. Le dîner. Elle s'assied en tailleur, ouvre une poche en estomac de mouton, sort ses éclats de silex et entreprend de plumer et de dépecer l'animal, non sans l'avoir d'abord remercié : « *Thank you little beast for the energy you give us*[1]. » Nous l'observons, ce sera bientôt à nous de prendre le relais.

1. « Merci petite bête pour l'énergie que tu nous donnes. »

Nous nous endormons dans la nuit étoilée, couchés en cercle autour du brasier.

Pourrons-nous former ce clan, cette « meute » indispensable à notre survie ? Nos peaux de bison et couvertures de laine feutrée nous protègent du froid.

À mille sept cents mètres d'altitude, le thermomètre peut chuter en dessous de zéro même en été. Le groupe s'éveille avant le lever du soleil. L'odeur du feu chasse celui de la terre encore humide. Une nouvelle journée commence. Après un petit déjeuner composé de galettes de baies séchées, nous nous mettons en marche, à la recherche de nourriture. Lynx donne les impulsions. Chaque jour est une longue quête pour la nourriture avec parfois, au creux de l'estomac, une sensation de faim obsédante. Cette relative vulnérabilité contraint à toujours garder ses sens en éveil. Lynx connaît le nom savant du moindre arbuste. Elle s'emploie à nous faire découvrir chaque champignon ou plante comestible que nous rencontrons sur notre chemin.

Naomi nous montre des empreintes dans la boue, là où nous nous gavons de framboises.

« Il n'y a pas de grizzlis ici, dit Lynx, c'est un ours brun. » Ses fientes sont mauves tant lui aussi mange de baies sauvages.

L'empreinte d'un ours brun dans la terre mouillée.

Page ci-contre
Dan fait sécher ses vêtements au coin du feu après être tombé dans le lac en pêchant.

Doubles pages suivantes
John Michael rallume le feu au petit matin avec les braises de la veille.

Distribution de pignons de pin pour le petit déjeuner autour du feu.

L'hameçon de corne

C'est un art zen que de pêcher comme nos lointains ancêtres. L'équipement est sommaire : un bâton, un fil de crin et… l'hameçon en corne de bison. Avec nos outils préhistoriques, il est impossible de faire ce petit retour, cette « barbe » que les hameçons métalliques possèdent pour ferrer le poisson… Alors, tout est dans le « timing », car il s'agit d'arracher le poisson de l'eau au moment même où il mord l'appât. Lorsque ça marche, une fois sur six environ, la truite, à sa grande surprise, fait un grand bond dans l'air et atterrit dans la forêt dix mètres derrière nous. Nous l'assommons, la vidons avec un silex, et la grillons ensuite sur les braises.

FABRICATION D'UN HAMEÇON EN CORNE ET PARTIE DE PÊCHE.

Lynx saisit mon carnet et écrit : « Comment peut-on croire en nos sens quand on ne leur donne pas une seule chance ? Quand nous renoncerons aux béquilles de notre civilisation et accepterons de croire au mystère de notre intuition, la magie renaîtra. » Lynx prétend que la technologie détruit l'instinct. C'est vrai qu'après quelques jours, la nuit, sans lampe frontale, j'ai l'impression de voir bien mieux. C'est vrai aussi qu'après quelques jours avec mes vêtements légers, je me suis habitué au froid.

Ce soir, le temps tourne à l'orage. Nous trouvons un minuscule surplomb qu'ensemble nous aménageons avec pierres, mousses et troncs morts.

Dans la pluie et le vent qui battent le paysage, nous dormons les uns contre les autres comme des animaux, sans même un feu, car il n'y a pas assez de place.

Le voyage commence à nous transformer. Les premières affinités se dessinent.

Le lendemain soir, c'est à moi d'allumer le feu. Je cherche brindilles, herbes sèches, étoupe dans le creux d'un arbre pourri. Allumer un feu, même avec l'aide d'un « arc égyptien », requiert connaissance, pratique et concentration. La position est essentielle. Il s'agit de bien coincer le pivot entre sa main, elle-même appuyée sur le mollet, et la plaquette de bois au sol. Il importe aussi dans l'action, qui peut être épuisante, de ne pas bloquer sa respiration, mais de bien la laisser aller, longue et profonde. Il y a la tension de l'arc, la pression sur le pivot. Le bois geint. Au bout de cinq minutes, une minuscule fumée s'élève : le signe tant attendu. Mais elle doit être bien épaisse. À bout de forces, j'arrête. Je pose aussi délicatement que je le peux la sciure produite par la friction dans le

DOUBLE PAGE PRÉCÉDENTE
LYNX PÊCHANT SUR LES BORDS DU LAC APRÈS AVOIR FABRIQUÉ ELLE-MÊME CANNE ET HAMEÇON.

LYNX EN PLEINE FABRICATION D'UNE FLÈCHE AVEC UNE POINTE EN SILEX.

PAGE CI-CONTRE
LYNX DANS SON ÉLÉMENT, HEUREUSE AU MILIEU DE LA NATURE.

creux de ma main tremblante. Après cet effort violent, mon cœur bat très fort et je dois contrôler ma respiration pour ne pas disperser ces quelques pincées de poudre de bois où luit la minuscule braise.

Lorsque la fumée redevient plus dense, je la pose dans le nid d'herbe et souffle entre mes deux mains. Cette fois, d'un souffle long, insistant, et tout à coup la flamme jaillit d'entre mes doigts. Quelle joie, quel réconfort, tout droit venu de la nuit des temps. Les coyotes glapissent. Après le repas, nous nous retrouvons, silencieux, à regarder les flammes et leur jeu sans fin. Nous nous serrons autour de lui comme nos ancêtres. Lynx sort de sa torpeur et avant de s'enfoncer dans sa peau de bison, remarque comme pour elle-même : « Le feu ! Cette télé primitive. » Nous nous endormons après avoir hissé le reste de notre nourriture entre deux arbres, avec nos liens de cuir, pour la protéger des ours.

DAN ENFILANT LES MOCASSINS DE PEAU QU'IL A LUI-MÊME CONFECTIONNÉS ET AU TRAVAIL, PERÇANT UNE CALEBASSE À L'AIDE D'UNE FLÈCHE DE SILEX.

PAGE CI-CONTRE
LA CHASSE AUX SAUTERELLES. ELLES SERVIRONT ENSUITE D'APPÂTS POUR LA PÊCHE.

L'os et la pierre

Au bout de deux semaines, mes mocassins sont usés. La semelle est percée et je ne peux continuer sans la réparer avec les chutes de cuir et les franges de ma veste qui serviront de liens.
Mais cette fois, ce n'est pas comme à la yourte. Je n'ai pas de poinçon métallique, de pinces, de ciseaux, d'aiguilles. Je n'ai qu'un poinçon d'os émoussé que je dois affûter sur une pierre ! Je peste devant Lynx, lui disant que je ne suis pas ici pour réparer ces trucs, mais pour photographier ce voyage. Elle me répond du tac au tac :
« Pas seulement photographier ! Mais témoigner, comprendre !
Et pour comprendre, tu dois vivre ! Tu dois expérimenter toutes ces choses. Regarde ! Tu affûtes cet os sur un morceau de granit, tu mesures, découpes avec le silex que tu as taillé, passes le lacet de cuir. Tu cherches, te concentres. Tu seras fier, heureux d'utiliser le produit de ton travail. Un travail qui a un sens. Tout cela crée un type d'homme différent, plus solide, plus entier. Et puis, regarde la beauté, la simplicité de ta démarche. Cette pierre pour affûter ton poinçon, tu l'as trouvée toi-même. Tu n'as pas besoin de la fabriquer ni de la jeter. Elle est là, elle sera toujours là pour celui qui en aura besoin et saura la voir. »

PAGE CI-CONTRE
LYNX TERMINE DE FAÇONNER L'EMPENNAGE D'UNE FLÈCHE.

ÉRIC COUSANT LES SEMELLES DE SES MOCASSINS EN PEAU.

CI-DESSUS
ÉRIC TENTANT D'ALLUMER LE FEU À L'AIDE D'UN ARC ÉGYPTIEN.

Mauvaise récolte de baies, mauvaise chasse, mauvaise pêche, mauvais temps, faiblesse... les ventres crient famine depuis plusieurs jours. Je suis le premier levé. Tout est si immobile, si silencieux que j'ai l'impression de sentir, d'entendre une longue vibration, comme celle d'un bol tibétain. C'est l'incessant murmure de la terre.

En penchant mon visage sur mon bol pour boire le thé, j'aperçois mon visage. Je lève les yeux vers mes compagnons et constate qu'eux aussi sont émaciés. Nous avons perdu du poids. Nous flottons dans nos vêtements patinés par les cendres de nos feux, par la sueur et la terre sur laquelle nous dormons. Hier, alors que j'essayais de pêcher à la main dans le torrent, je me suis relevé brutalement et ai failli m'évanouir. Comme un sâdhu indien me l'avait recommandé il y a bien longtemps, je me prends à mâcher longuement ma nourriture, pour en extraire chaque parcelle d'énergie qu'elle peut me donner. Notre survie tient dans une équation très simple : si nous dépensons plus d'énergie à chercher notre nourriture qu'elle ne nous en apporte, à court ou long terme, c'est la mort. Au travers de cette expérience avec Lynx, je découvre ces choses basiques, que circuits de distribution et supermarchés nous ont fait oublier. Ce n'est pas une découverte intellectuelle : nous sommes ici en contact direct et total avec notre réalité d'être humain – que dis-je, d'être vivant. Ici il n'y a rien de théorique, de livresque. Non, la réalité te mord aux tripes. Lorsque j'ai pris l'arc de Lynx pour aller chasser (trente-cinq livres de puissance, minimum requis aux États-Unis pour un arc de chasse), j'ai vu mon bras trembler, ma vision se troubler. Comment alors atteindre sa proie ? Des trois mille calories que demande cette

DOUBLE PAGE PRÉCÉDENTE
BAIN DE LYNX DANS L'EAU PURE ET GLACÉE D'UN LAC DE MONTAGNE.

REPAS PALÉOLITHIQUE À BASE DE BAIES SAUVAGES.

vie de coureur des bois, combien en absorbons-nous ? La moitié peut-être ? Malgré ces quatre mois de pratique, nos connaissances ne dépassent pas celles « d'un Papou de sept ans », nous dit Lynx. Dans une tribu, l'enfant reproduit les gestes de ses parents, aussi naturellement qu'il apprend à parler. À présent, il nous faut tout réapprendre par nous-mêmes. Ces techniques, cette connaissance de la nature que nos ancêtres ont mis des milliers d'années à acquérir ont disparu avec les derniers peuples primitifs. Edward Curtis qui vécut une grande partie de son existence avec les derniers Amérindiens, il y a plus de cent ans, remarquait : « À la mort d'un ancien, c'est une encyclopédie que l'on jette au feu. »

Et puis, la nature du XXIe siècle peut-elle encore subvenir aux besoins de chasseurs-cueilleurs ? Elle est prise d'assaut de toute part et a tellement rétréci.

Au petit déjeuner, Naomi évoque ses rêves de croissants parisiens. Dan s'en amuse : « N'oublie pas qu'ils n'ont pas encore été inventés ! » À défaut, nous mâchons nos galettes de baies et récoltons des pommes de pin. Leurs pignons sont délicieux. Nos doigts en revanche sont collants de résine dont il semble impossible de se débarrasser. Lynx casse la pellicule de glace d'un petit étang et plonge pour prendre son bain matinal.

« Je vis la vie que je voulais vivre lorsque j'étais enfant, lance Dan. – Oui, ajoute John Michael, pas un signe de cet autre monde. – Vraiment ? dis-je, un brin ironique. Et les 747 qui grondent six fois par jour au-dessus de nos têtes ? »

DOUBLES PAGES PRÉCÉDENTES ET PAGE SUIVANTE
LA FIN D'UNE MARCHE ÉPUISANTE SUR LES CENDRES ENCORE CHAUDES DE LA FORÊT BRÛLÉE.

DANS LA FORÊT NOIRCIE PAR UN INCENDIE, LA FATIGUE COMMENCE À CREUSER LES TRAITS DES VISAGES.

Nous décidons de changer de camp. À la vue du ciel très sombre, Lynx improvise avec un lien de cuir une anse pour un pot de terre et y dépose quelques belles braises. Tout au long du chemin, elle les nourrit de bois très sec et recouvre le tout d'une écorce pour les protéger de la pluie. Nous sommes en pleine *Guerre du feu*.

Pendant deux jours, nous nous égarons dans une forêt qui vient de brûler, sans pouvoir y trouver la moindre nourriture. Les épreuves nous ont soudés, mais je commence à sentir des failles. Avant notre départ, Lynx me disait qu'il est impossible de savoir à l'avance qui tiendra, qui flanchera. Elle avait raison et étrangement, ce sont les plus âgés qui résistent le mieux. Le mental semble jouer un rôle primordial. La tentation de retrouver le confort de la civilisation, la « bonne bouffe », se fait de plus en plus forte. Nous écourterons notre expérience trois jours avant le terme des vingt et un prévus. Avant le passage du dernier col, nous rencontrons un Ranger. Il est pour le moins surpris de notre apparence et nous demande nos permis. Même s'il est gratuit, nous sommes dans une région qui nécessite un pass. Lynx sourit, charmeuse, le Ranger est sympa et nous laisse passer, mais plus loin je m'offusque : « Un tel projet, un permis gratuit, et tu ne fais pas les démarches au risque de tout flanquer par terre ? » Elle me répond : « Oui, oui, tu as raison, Éric. Mais je suis allergique à tout ce qui est bureaucratie, permissions... » Nous reprenons notre chemin, je marche derrière elle. Elle me lance : « Je suis une rebelle, une rebelle romantique, et puis *shit*. Ils font bien des réserves pour la nature, pour les animaux sauvages, ils devraient en faire pour les *wild women* ! »

PAGE CI-CONTRE
LYNX, SUPERBE APRÈS UNE LONGUE MARCHE DANS LA FORÊT.

DOUBLE PAGE SUIVANTE
LA FORÊT AUX ALENTOURS DE CHEZ LYNX.

Tod & Talia

Ingénieurs glaneurs

Libéral, sympa et responsable

Tod & Talia

«*Ask every question, question every answer*[1]»,
Colbert, 2009

Le ruisseau, large de deux à trois mètres, se faufile entre les grands arbres et parfois se resserre pour serpenter entre des rochers ronds et moussus. Il fait chaud, Tod est seulement habillé de son short de peau, un vieux couteau pend à sa ceinture. Il est chauve avec une grande barbe qui commence à blanchir, et solidement bâti. Il marche pieds nus, l'eau est claire et fraîche et souvent, nous nous agenouillons à même le cours d'eau pour y boire. Tod parle d'une voix vibrante et claire.

«Les Appalaches, me dit-il, sont les plus anciennes montagnes d'Amérique. Les reliefs sont ronds, émoussés, mais il y a bien longtemps, ces montagnes étaient plus hautes que l'Himalaya.» Il émane de lui un mélange de force et de tendresse.

La nature est magnifique. Du fond de cette vallée que nous remontons, les arbres s'élancent très haut et très droit dans le ciel. Parfois, des troncs abattus lors d'une tempête entravent notre marche et nous devons les escalader. D'autres fois, nous nous penchons sous les branches basses des rhododendrons dont les fleurs blanches parsèment le sol.

Tod s'arrête pour cueillir des monardes, fleurs rouges aux vertus toniques qu'il dépose dans le sac de cuir qu'il porte en bandoulière. Nous nous asseyons sur la rive.

Double page précédente
Au travail dans la forêt.

Tod se désaltérant dans une rivière près de sa maison.

Tod cueillant des fleurs sauvages pour le thé.

1. Pose chaque question, questionne chaque réponse.

« Tu vois… disons que je suis ce mec libéral et sympa, et que je veux faire fonctionner mon ordinateur et autres ustensiles avec des panneaux solaires, car je veux être responsable au niveau de l'environnement. Eh bien pour ce faire, un endroit aussi sublime que celui-ci, avec de l'eau, de l'air pur, ces arbres magnifiques, se doit d'être détruit ailleurs dans le monde. On ne peut pas avoir d'industries sans destructions environnementales massives. Tu ne peux pas creuser des mines sans détruire, et je ne parle pas du transport, de la transformation des matières premières, des usines… Un panneau solaire n'est pas aussi "vert" et économique qu'on veut bien le croire. Bien sûr, quand il est installé, il génère une électricité propre. Mais le coût énergétique et environnemental pour le produire est très élevé. Malgré cela, on pourrait se dire que ce ne serait pas mal si tout le monde avait des panneaux solaires au lieu de nos centrales nucléaires ou au charbon. Mais c'est comme changer sa voiture qui fait huit litres aux cent, pour une autre qui en ferait sept ; c'est comme dire que Pol Pot, c'est mieux qu'Hitler. D'une façon ou d'une autre, ces technologies sont terriblement destructives. »

Tod, avec sa voix calme et ses gestes posés, aime à attaquer de front, à choquer. Mais ses paroles, ses raisonnements sont clairs et étayés. Il a réfléchi et étudié son sujet avant d'en parler.

Tod est né en 1966 dans le Maryland. Son père, officier de renseignement dans l'armée, a fait deux séjours au Vietnam en tant que volontaire. Tod a vécu ses jeunes années en dilettante, jusqu'à ce séjour de quatre mois et demi en prison pour vente de LSD. Cette expérience a fait basculer sa vie. À sa sortie, il a décidé de travailler sérieusement et de se construire une carrière. Intelligent, bricoleur et curieux, il a obtenu une bourse à l'université de Washington, où il a reçu son *bachelor* en ingénierie électrique. Sensibilisé depuis l'enfance aux dommages que l'homme inflige à la nature, il a décidé de poursuivre ses études dans les énergies propres et renouvelables à l'université de Californie à Davis. Il s'est spécialisé dans la conception de batteries pour les moteurs hybrides, électriques et à hydrogène.

Bryan Jenkins, son ancien professeur, se souvient de lui comme d'un élève brillant, qui sortait de l'ordinaire, mais aussi très pragmatique. C'est peut-être ce qui a amené Tod à prendre la mesure d'une

Tod à l'âge de trente-trois ans et son frère Sean le jour de sa remise de diplôme à l'université de Washington en 1999.

Talia à l'âge de dix-sept ans en 1983, pendant sa dernière année de lycée de Vacaville en Californie.

Tod devant la hutte communautaire qu'ils ont construite.

Double page suivante
Talia et Tod au travail devant leur hutte.

énorme contradiction : dans le laboratoire où il met au point ces batteries nouvelle génération, plus respectueuses de l'environnement et d'un rendement meilleur, il réalise soudain que, derrière ses lunettes et ses gants de protection, il nage en permanence dans des produits chimiques terriblement dangereux.

« Et j'ai pensé : "Mais attends une minute ! Tu veux créer un monde plus propre, avec des produits chimiques terriblement nocifs. C'est totalement stupide. C'est combattre le feu avec le feu. C'est essayer de sauver la nature en créant plus de pollution. C'est de la foutaise…" »

Il venait de rencontrer Talia, sa compagne, qui malgré les doutes et les réticences de Tod, insistait pour qu'il finisse ses études et sa thèse.

Mais une autre prise de conscience, alors qu'il était devenu militant écologiste, devait le marquer.

> « Talia et moi étions en route pour Seattle, où nous allions manifester contre la guerre en Irak. Nous nous sommes arrêtés à une station d'essence et là, j'ai réalisé l'absurdité de la situation. Nous allions brandir une pancarte pour dire non à la guerre, alors qu'en faisant le plein, nous disions aux compagnies pétrolières et à notre gouvernement : "Oui, continuez à nous fournir du pétrole bon marché, oui, continuez à forer de plus en plus loin, oui, continuez à faire la guerre !" »

Peu à peu, Tod s'est rendu compte que personne, ni dans le gouvernement, ni dans le monde académique, ni dans celui du business, n'avait l'intention de faire quoi que ce soit pour guérir le mal que nous causons à la planète. Tout se résumait à la cupidité, au pouvoir.

Une fois de plus, c'est grâce au bouche-à-oreille que j'étais parti à la recherche de Tod et Talia. Je m'étais perdu au moins une dizaine de fois le long des routes sinueuses avant de découvrir, à la tombée de la nuit, au détour d'un virage, cette boîte aux lettres numéro 9170.

La voiture avait raclé plusieurs fois la piste très raide qui menait à une petite clairière où deux vieilles voitures étaient garées. Devant elles, une hutte en matériel de récupération et un appentis où séchaient des peaux.

Au téléphone, Tod m'avait dit de m'engager sur le sentier qui prenait naissance près de la cabane. C'est un chemin qui court sur le flanc d'une colline très pentue. Un quart d'heure plus tard, je butais sur une autre hutte perdue dans la végétation, plus rustique que la première, faite de troncs et couverte d'écorces. Tod et Talia étaient là, autour d'un feu auquel ils me conviaient. Les présentations avaient été vite faites, on m'avait proposé une truite qui grillait sur une poêle en fonte, je l'avais mangée dans un bol en bois, accompagnée d'une tranche de pain complet et d'une orange.

Après avoir passé la nuit dans la hutte, nous nous étions retrouvés le lendemain matin tous les trois autour de ce même feu. Au breakfast, toasts de pain complet, beurrés de graisse d'ours, délicieux ! Tod et Talia étaient assis sur une peau de mouton. Talia est une rousse de quarante-cinq ans douce et réservée. Mais lorsque j'avais posé la question de savoir comment cette quête de simplicité avait affecté leur couple, c'était elle qui m'avait répondu. « Nous étions dans la même quête, cela n'a pu que nous rapprocher, Tod et moi. » Très jeune, Talia est entrée dans l'armée de l'air pour s'occuper de l'entretien des chasseurs F4 basés au Texas. Ce travail lui a permis d'entamer des études de médecine et quelques années plus tard, elle a passé son examen d'infirmière. C'est alors qu'elle a rencontré Tod. Si elle l'encourageait à passer ses examens à UC Davis, c'est elle aussi qui, lorsqu'il s'est trouvé totalement désillusionné, lui a montré le chemin d'une vie plus simple.

Ils ont vécu deux ans dans une ferme. Puis, en 2004, Talia a découvert cette communauté qui n'en est pas vraiment une, plutôt un simple lopin de terre adossé à une forêt protégée où des gens épris de liberté aiment à se retrouver.

Ici, ils pourraient, elle et lui, réapprendre une vie plus proche de la nature.

TALIA TRIANT LES CHAMPIGNONS POUR LE REPAS.

TALIA OBSERVANT LE DÉVELOPPEMENT DES LARVES D'ABEILLES D'UNE DE SES RUCHES.

On ne débarque pas chez ces gens-là avec son carnet, son stylo, un appareil photo et des questions. Comme avec toutes les autres tribus, il faut devenir utile. Les aider dans leur quotidien. Se faire aimer.

Le murmure de la rivière, la chaleur du feu, l'écorce de la hutte, assis sur une peau de bête, mangeant de la viande d'ours... où suis-je ?

Avec Tod et sa grande scie passe-partout, nous débitons des troncs d'arbres morts, puis avec une hache à double tranchant, nous les fendons.

Je lui demande si l'excitation de la recherche scientifique, la stimulation intellectuelle auxquelles il était habitué ne lui manquent pas. Interloqué, il répond : « Mais regarde tout ce que j'ai à apprendre, toute cette nature autour de nous, ces huttes que nous avons faites de nos mains et qui, à part les fenêtres, ont été construites avec des matériaux de la forêt et sans aucun clou. » Talia, quant à elle, compile un dictionnaire des plantes alentour. Elle a un jardin dans la forêt qui lui prend beaucoup de temps et deux nouvelles ruches.

Leur vie alterne entre les marches en forêt, l'apprentissage et la cueillette des plantes comestibles, la construction d'une maison, le sciage du bois mort pour le chauffage, le tannage des peaux avec des solutions d'écorces pour les vêtements et les sacs, l'étude des livres de leur bibliothèque consacrée aux sciences primitives, à la sociologie et à l'histoire.

Un soir, alors que j'évoquais leur changement de vie radical, Tod me répondit :

« Après avoir perdu foi en la technologie, nous avions le choix :

– Continuer comme avant : nous dire que de toute façon, nous ne pouvions rien y faire. Aller à mon boulot en attendant le vendredi soir, fumer des joints et boire de l'alcool pour noyer ce sentiment de culpabilité, de tristesse et de colère. C'était la première option !

– Devenir activiste (ce que j'ai fait pendant deux ans), combattre pour une cause juste. Mais, encore une fois, si j'utilise des ordinateurs, de l'électricité, et prends l'avion – ce qui est nécessaire pour être efficace –, je contribue à la destruction, à l'exploitation de la nature contre lesquelles je me bats.

– Ou alors, troisième solution, celle que nous avons choisie, devenir le plus indépendants possible du système. »

Tod et Éric en plein travail.

John, un vieux charpentier, explique à Tod comment affûter une scie passe-partout.

« Mon but, c'est d'atteindre un mode de vie où j'aurai le moins possible besoin de ce système monstrueux, dévastateur et meurtrier. Je veux être capable de vivre sans les Dick Cheney de ce monde. L'Amérique est forte de ces bandits, qui sont prêts à égorger des enfants pour récupérer le pétrole sous leurs cadavres. Ce qui permet aux pays industrialisés de rester forts, c'est leur capacité à commettre ce genre de brutalité. J'aimerais pouvoir vivre sans que personne n'ait à assassiner d'autres êtres humains pour me maintenir en vie.

Mais ne me prends surtout pas pour un exemple de développement durable, d'autosuffisance. Pour moi, ces mots, à force d'être utilisés, ont perdu leur sens. Ces mots magiques comme… – Tod réfléchit – Indépendance ! Voilà un autre mot qui ne veut plus rien dire.

L'Amérique est supposée être un pays de gens indépendants, libres, mais en fait, nous sommes peut-être le peuple le moins indépendant du monde. L'indépendance, ça veut dire : être capable de s'occuper de soi-même. Mais nous sommes incapables de nous nourrir par nous-mêmes, de nous approvisionner en eau, de nous débarrasser de notre propre merde, urines et déchets. Ce sont des multinationales qui s'occupent de ça pour nous. Où vois-tu de l'indépendance dans tout ça ? »

Tod a aussi progressivement réalisé autre chose, me dit-il : c'est que la peur et l'espoir permettent de contrôler les gens.

« Il suffit d'installer une peur comme celle d'une catastrophe écologique ou du terrorisme et alors, de distiller l'espoir : celui que le gouvernement, ou les scientifiques, la technologie ou l'armée vont régler les choses pour nous. On assure aux gens qu'ils n'ont rien à faire par eux-mêmes, sinon être de bons citoyens, payer leurs impôts, continuer à travailler et consommer. Les politiques sont des opportunistes, ils sont passés maîtres dans l'art de tourner les situations à leur avantage. La peur qu'ils injectent en nous est basée sur des choses bien réelles, mais souvent manipulées, exagérées. Et étrangement,

Une casse de voitures le long de la route.

Panneau *For sale* (à vendre), symbole d'une Amérique ébranlée.

chaque fois qu'ils sentent que le mécontentement grandit, on augmente le niveau d'alerte, de jaune à rouge, de un à quatre. Mais la peur seule ne suffit pas, il faut continuer à consommer. Pour le terrorisme, il faut continuer à payer ses impôts pour nourrir l'insatiable machine de guerre. Quant au réchauffement climatique, c'est, nous dit-on, le gouvernement, les chercheurs et les industriels qui vont nous trouver des solutions. Il suffit d'acheter "vert" et renouvelable. » Je baisse les yeux et hoche la tête.

« Tod, quel poids tu portes sur les épaules ! lui fais-je remarquer.
– Non pas du tout, au contraire, ce poids, j'essaie de l'alléger au maximum. Bien sûr, à grande échelle, mon action ne changera rien. Mais pour moi, elle change tout. Je ne peux plus vivre avec ce malaise chaque fois que je me sers d'un interrupteur ou démarre ma voiture. Moins je fais ce genre de choses, mieux je me porte. Je ne veux plus sentir en moi ce sentiment de culpabilité, de tristesse. Mon cœur est plus léger. »

Nous sommes dans la clairière et Tod soulève le capot de son énorme pick-up. Sur le moteur court une étrange pieuvre faite de tuyaux souples, de manettes et de filtres. L'ingénieur a modifié cette vieille Ford diesel pour la nourrir d'huile de friture usagée ; le filtrage se fait automatiquement avant l'arrivée au moteur. Il récolte son carburant dans les fast-foods de la région. Sur le tableau de bord, une série de manomètres, de voyants lumineux et d'interrupteurs lui permettent de contrôler le circuit. Mais Tod n'est pas dupe : il demeure tributaire du diesel pendant les cinq minutes nécessaires pour chauffer la mécanique, et puis, il reste l'huile du moteur, les filtres, le liquide de freins, les pneus, la route. Avec son véhicule, il pollue beaucoup moins, mais il dépend toujours du « système ».

Tod vérifiant le système d'alimentation du moteur de sa voiture.

«Je vais te montrer une facette méconnue de l'Amérique et t'apprendre l'art du *dumpster diving.*»

Tod dans son vieux camion Bedford.

Alors que nous roulons vers la ville, Tod est tout excité. Il me raconte comment il a découvert cette mine intarissable. Après ses études, il a passé deux ans avec Talia dans une ferme à Sacramento pour se rapprocher d'un modèle de vie plus simple. Ils avaient un jardin, une basse-cour et élevaient des porcs.

Ces animaux mangent de tout, et habitant près de la ville, Tod et Talia avaient commencé à récupérer de la nourriture pour leur élevage dans les bennes à l'arrière des grandes surfaces et des restaurants. Devant la profusion et la qualité de l'alimentation qu'ils glanaient, ils en sont tout naturellement arrivés à s'en nourrir eux-mêmes. Car, même après les dates de péremption, les yaourts, les fromages, les œufs se gardent encore des semaines. La viande, le poisson réfrigéré quelques jours, voire une semaine dans une glacière, et ainsi de suite.

Dans les «Shopping Malls» qui ont envahi les banlieues des villes américaines, Tod trouve son chemin sans hésitation. Nous quittons un parking bondé pour passer entre un mur de béton et une haute barrière grillagée. Nous nous retrouvons derrière les magasins et nous nous garons près de grandes bennes métalliques vertes.

Du coin de l'œil, je regarde les mouvements autour de nous. Personne, sinon très loin. Quelque part, je me sens coupable. Lui au contraire, sans hésitation et avec une grande agilité, escalade une benne, ouvre le couvercle et saute à l'intérieur du container. Il ouvre de grands sacs en plastique et s'extasie : «Regarde, du lait, des œufs, du fromage, italien en plus! Des bagels! Trouve-moi vite un carton vide.» J'essaie de dissimuler ma gêne, me retenant de siffloter comme j'en ai l'habitude pour me donner une contenance. Le Français bien élevé que je suis se rebiffe. Une voix intérieure me souffle : « Sois cool Éric, tu es là pour découvrir, pour apprendre, pour vivre. » Aucun crissement de pneus, pas de sirène de police, personne ne vient nous arrêter. L'arrière du Mall est complètement stérile et déserté. Je repère une caméra sur le toit, mais tout le monde s'en fiche.

« Ce supermarché laisse les gens accéder à ses bennes, me dit Tod, alors que d'autres détruisent leurs excédents en les aspergeant de produits chimiques ou en les broyant à la sortie. »

Ce n'est qu'au troisième magasin, dix miles plus loin, que je saute avec Tod à l'intérieur des bennes. Talia, elle, tient le carton. Je ne peux m'empêcher de m'esclaffer lorsque mon compagnon, après avoir lu l'étiquette d'un pâté, le rejette en s'exclamant : « Il y a du MSG (glutamate monosodique), on ne mange pas de ça. » Nous trouvons des yaourts à la grecque « bio » par dizaines, de la mozzarella, de l'huile d'olive, de la ricotta, du fromage blanc, du riz, de la farine complète, des choux, des pommes de terre, des cuisses de poulet « bio », du thon, de l'espadon, des filets de poisson, des salades, des oranges, des pommes, du jus d'orange, etc. Je vais parler à un homme d'une cinquantaine d'années à l'arrière du magasin, qui, sur l'escalier de béton qui mène à la benne, fume sa cigarette. Je lui demande ce qu'il pense de tout ce gâchis. Il travaille ici depuis trente-quatre ans, son salaire paie l'éducation des enfants, l'emprunt de la maison. Il fait ce qu'on lui demande de faire, c'est tout.

À la fin de la journée, le pick-up est rempli de cartons de nourriture et Tod décide d'aller récupérer du bois à l'usine d'ascenseurs non loin de là. Des piles de madriers de pin, de deux mètres cinquante de long, nous attendent. Fabriqués au Canada, ils sont jetés après n'avoir servi qu'une fois à protéger le matériel lors du transport. Dix clous retirés, et ils sont comme neufs. L'arrière du pick-up est plein à ras bord. Alors que nous rentrons, et comme à lui-même, Tod remarque :

« On ne peut pas traiter la planète de cette façon. On ne peut pas l'éventrer, transformer et se débarrasser de tout ce qu'elle nous donne, et s'attendre à ce qu'elle puisse nous supporter indéfiniment. »

Sur l'autoroute, il continue avec cette anecdote : « Des gens des villes viennent nous rendre visite dans la forêt et nous demandent :

"Est-ce que vous vivez de la terre?" Je leur réponds : "Mais vous savez, même en vivant à Tokyo, à New York, à Las Vegas ou dans n'importe quel endroit du monde, vous vivez de la terre!" De quoi peut-on vivre si ce n'est de la terre ! »

Aux États-Unis, près de 40 % de la nourriture est ainsi jetée[2]. Effaré, je questionne Tod. Sa réponse me laisse pensif :

« Imagine, cette nourriture a été plantée, récoltée, transportée, transformée, empaquetée, retransportée, pour finalement être jetée. Des millions de gens ont participé à son élaboration partout sur la planète, du fermier au fabricant d'engrais, au vendeur de supermarché et même jusqu'à ceux qui recyclent, détruisent ou enterrent ce surplus. Sans cette surproduction, un nombre incalculable de gens seraient sans travail, et cela conduirait l'économie vers une crise certaine. »

Quant aux magasins en bout de chaîne, ils déduisent ces pertes de leurs impôts. Tod est intarissable sur le glanage. Quand ça s'arrêtera, il a prévu de récolter sa nourriture dans la nature. Mais nous avons perdu le savoir des anciens habitants de ces forêts. Et avec la disparition des bisons, des élans, des poissons qui auparavant abondaient, des noyers qui nourrissaient les Indiens et qui furent abattus systématiquement au XIXe siècle, vivre seulement de la forêt est devenu difficile.

Chez Tod et Talia, nous alternons entre la nourriture des bennes et celle de la nature : fricassée de champignons, porridge de glands, lavés de leur amertume dans la rivière comme les Indiens le faisaient. Viande de cervidé fraîche ou en bocaux au moment de la chasse ou bien tués par un véhicule le long de la route – lors de ces fameux *road kills* comme il y en a des centaines de milliers chaque année en Amérique du Nord. Ou encore viande d'ours laissée par les chasseurs locaux avec qui Tod et Talia entretiennent de bons rapports et qui ne sont souvent intéressés que par la tête pour en faire un trophée.

« Depuis mon adolescence, je suis conscient de la façon dont nous traitons la planète. C'est ce qui m'a conduit à devenir ingénieur, pour apprendre à utiliser la technologie et améliorer l'interaction homme-nature. En chemin, j'ai découvert que tout cela n'était que fumisterie

TOD À LA RECHERCHE DE MYRTILLES, DE JUS D'ORANGE ET DE YAOURTS DANS UNE BENNE D'UNE BOURGADE VOISINE.

TOD ET TALIA FOUILLANT UNE POUBELLE EN VILLE À LA RECHERCHE DE QUELQUES DENRÉES.

2. Kevin D. Hall, Juen Guo, Michael Dore, Carson C. Chow, *The Progressive Increase of Food Waste in America and Its Environmental Impact*, Laboratory of Biological Modeling, National Institute of Diabetes and Digestive and Kidney Diseases, Bethesda, Maryland, 2009.

DO NOT PARK
NO HAZARDOUS WASTES ACCEPTED
CAUTION
GDS

et que chaque chose que je faisais créait plus de capitaux, plus d'énergie à injecter dans le système, plus d'argent, et donc plus de dévastation. Talia et moi avons décidé de quitter tout cela, je me retrouve dans la forêt, et les gens que je connais, mes amis, ma famille, n'ont de cesse de me dire : "Tod, toi le chercheur, l'ingénieur, tu te dois de trouver une solution pour nous tous !" Mais ce qu'ils oublient d'ajouter, c'est qu'ils veulent continuer à vivre et consommer de la même façon. Ils s'imaginent que les scientifiques vont inventer de nouveaux produits de consommation qui leur permettront de vivre de manière durable et écologique. C'est impossible. Ce qu'il faut faire, c'est changer notre façon de vivre. »

Avec Tod et Talia, je prends des claques, mais je m'accroche, ça vaut le coup. Et puis, chacun au bout de notre scie ou tout au long de nos marches, nous avons développé une belle complicité.

Un matin, alors que je prends des photos de lui au travail, il me fixe d'un regard perçant.

« J'aime l'attention que tu me portes, j'apprécie nos discussions, je suis heureux que tu sois venu de France pour réaliser ce projet de livre. Mais je suis très ambivalent par rapport à ton travail. En dehors de ton intention, que je ne mets pas en doute, le résultat de ton voyage ici équivaut à plus de destruction du delta du Niger, plus d'électricité utilisée, plus d'arbres coupés, plus d'encres et de produits chimiques pour développer tes films et faire imprimer tes livres, plus de transport, donc plus de pollutions et de destructions. Chaque fois qu'on utilise les outils du système pour changer ce système, ça ne marche pas.

FRICASSÉE DE CHAMPIGNONS À LA GRAISSE D'OURS ET PORRIDGE DE GLANDS.

« On pourrait croire que les activistes qui sabotent le matériel des bûcherons font une bonne chose pour les forêts. Ce n'est pas vrai ! Tu vandalises le matériel, on le jette dans une décharge, on crée plus de déchets et une nouvelle demande pour créer plus d'équipements encore. Ce cercle vicieux va continuer jusqu'à ce que le système s'effondre sous son propre poids, implose à cause de sa propre stupidité, de son absurdité.

« Je ne dis pas que c'est impossible d'être heureux, mais... Lorsqu'on connaît toutes ces choses, c'est tout à fait raisonnable de se sentir triste. Il y a tellement de tristesse dans ce monde : la destruction de l'environnement, les espèces en voie de disparition, la brutalité des hommes les uns envers les autres, ou des choses comme les prisons. L'Amérique est le pays qui a la plus grosse proportion de sa population en prison. Tout cela est si triste. Et regarde ce que la télévision nous sert. Les James Bond et autres mecs comme ça sont des gens heureux. Ils conduisent la bonne bagnole, s'habillent à la mode, se font les jolies filles, ils jouent et gagnent. Et tous ces sportifs de haut niveau bien coiffés, avec leurs bijoux, leurs belles baraques et leurs girl-friends. Tout ça te donne l'impression que si tu n'es pas heureux, c'est qu'il y a quelque chose qui ne va pas avec toi. Mais que si tu as toutes ces choses – pour la plupart, des biens de consommation –, eh bien tu seras heureux. Personnellement, je ne peux pas trouver de bonheur ainsi. Ou alors, il me faudrait des wagons d'antidépresseurs.

« Tu peux prétendre tout ce que tu veux, pour moi c'est de la folie de détruire la nature. Bien sûr, ton livre va peut-être faire prendre conscience à certaines personnes... » Mais il baisse la tête et ajoute : « Je suis conscient que ma compréhension du monde est limitée... Il faut peut-être que j'arrête avec tout cet idéalisme, tous ces mots qui s'alignent les uns après les autres. Je vais à la bibliothèque du village deux fois par mois pour consulter mes e-mails. J'achète des livres, je conduis mon pick-up. Je pourrais laisser tomber tout ça, mais ça voudrait dire aussi abandonner mes amis et ma famille. Ça voudrait dire abandonner bien des choses auxquelles je me suis habitué, comme mon décaféiné au lait de soja. »

Il y a cinq ans, un vieil homme est venu rendre visite à Tod et Talia. Dans sa jeunesse, leur a-t-il dit, tous les arbres avaient été coupés. Ces montagnes alentour étaient totalement dénudées ou couvertes de maïs. Il les a emmenés avec lui dans la forêt et leur a montré les vestiges d'un chemin de fer et même d'un pont en travers du ruisseau. Plus haut, au confluent de deux cours d'eau, il a pointé les restes à peine visibles d'une scierie sous la végétation et la mousse, et même de gros blocs de métal rouillés. La rivière était bien plus large avant la déforestation des années 1920, leur a-t-il dit. Son grand-père se nourrissait des truites qui y pullulaient.

Tod et Talia me conduisent sur les lieux. Il faut vraiment que je prête attention pour voir les dernières traces de ces hommes qui ont rasé la forêt quatre-vingt-dix ans plus tôt. Elle a repris ses droits, et même si les truites ne sont pas encore revenues, les grosses pièces de métal rouillé se mêlent désormais au paysage comme des rochers insolites…

Mason

The man at the end of the road

L'homme au bout de la route

Mason

« Les signes sont clairs pour ceux qui veulent les lire. »
Une rencontre

Il pleut fort sur le Tennessee en ce jour de printemps. Pendant cinq heures, nous avons suivi l'Interstate, puis nous avons bifurqué. D'abord une nationale, puis une petite route sinueuse, et là, en bas de la pente, après le saule pleureur à droite, un pont sans même un parapet. Aux premières maisons à gauche, nous quittons le macadam. En quelques minutes, le paysage se transforme, se fait plus sauvage. La route, elle, devient chaotique. Des flaques d'eau boueuse alternent avec des rochers, puis une descente raide happe le véhicule avant qu'un cours d'eau d'une demi-douzaine de mètres de large ne l'immobilise. Je m'engage prudemment ; en son milieu, il y a peut-être trente centimètres de profondeur et un joli courant. Je m'apprête à repasser la première pour remonter le raidillon qui nous fait face, lorsque Dustin, mon guide, pose la main sur mon avant-bras. « Non, non, à gauche. » Je le regarde, interloqué : « Quoi à gauche, mais c'est la rivière ! – Oui, à gauche, me répond-il, tu verras, ça passe. » Je jette un œil dans le rétroviseur ; sur la banquette arrière, Janet, sa femme, me confirme ses dires d'un battement de paupières. Soit. Dustin connaît autant ces terres que leurs habitants. Il a fait de longs séjours ici et y a conservé des liens d'amitié rares. Il sait ce qu'il raconte...

Le fond de la rivière est une suite de dalles en marches d'escalier. Ma voiture n'est pas adaptée pour ce terrain. Pourtant, après un mile et quelques raclements lugubres, nous ressortons sur la rive gauche du cours d'eau. Mon cœur bat : qu'est-ce qui m'attend là-bas, au bout

Double page précédente
Mason revient du poulailler les mains chargées d'œufs.

La rivière, seule route menant jusqu'à la maison de Mason.

de la *route*? On me parle de cet homme depuis l'année dernière. Il réside dans les Appalaches. Mais où exactement ?

Quand j'avais posé la question à Dustin, il avait affiché un sourire moqueur : « Tu n'arriveras pas à le trouver seul de toute façon, ni avec une carte, ni même avec un GPS. » Il avait raison.

Celui que nous allons voir se nomme Mason. Il est ce qu'on appelle un *ghost* aux États-Unis. Sans compte en banque, ni permis de conduire, ni numéro de Sécurité sociale, ni téléphone, ni même d'adresse. Il ne figure sur aucun registre... Un Américain somme toute aussi immatériel qu'un fantôme.

Une forêt, puis un autre torrent à traverser et une montée encore. Là, enfin, une maison. Dustin me fait signe d'arrêter. Sur le pas de la porte, une silhouette fine couronnée d'un chapeau de cow-boy clair se détache. À notre approche, l'homme se lève prestement. Il a un visage tout droit sorti du XIXe siècle, avec un port de tête droit, des épaules carrées, un corps robuste.

Il reconnaît Dustin et sa femme, leur ouvre les bras et fait connaissance avec Esther, leur bébé de onze mois. Derrière sa barbe blanche fournie, il a un regard tendre. Dustin nous présente. Sa poignée de main est franche et son accent chante le Sud. Le soir tombe ; nous entrons. La femme de Mason, Orpha-Lee, nous a rejoints. Elle est plus petite que lui. Ses longs cheveux blancs laissés libres autour de son visage soulignent ses yeux bleus et son teint rose. Ses traits sont doux. Sa présence silencieuse dénote quelqu'un de solide et d'entier. Elle est là, à ses côtés, aujourd'hui comme hier, comme toujours.

Dans leur foyer, rien n'émane du monde moderne, à l'exception d'un réfrigérateur à gaz. Ils n'ont ni télévision, ni même radio. Quel endroit ! Je suis au cœur du Midwest, hors du temps. Je refuse la chambre qu'ils m'offrent à l'étage pour étendre mon couchage sous l'auvent. Je veux sentir la nature, la pluie, cette odeur enivrante de terre mouillée. Il me faut m'immerger dans ce nouvel univers. Je ne donne pas d'explication à Mason et il ne s'offusque pas, me disant simplement que, lui aussi, lorsqu'il chasse à l'automne, aime à dormir dehors.

Le chien Snoopy et son maître.

Un mug de café à la main, nous nous retrouvons le lendemain matin dans un grand sofa, qui a dû perdre ses ressorts en chemin tant on s'enfonce dedans. Mason, de sa voix grave et mélodieuse, me pose des questions sur un livre que j'ai toujours avec moi pour présenter mon travail. J'évoque l'Himalaya, les yaks, les nomades, les abeilles. Tout à coup, mon hôte se dresse et, pointant son index sur moi comme un revolver, s'exclame : « C'est toi ?! »

Je n'ai pas le temps de répondre que déjà, il a disparu dans l'escalier grinçant. Autour de moi, des regards interrogatifs et un silence gêné. Qu'ai-je encore dit ou fait ?

Il revient un quart d'heure plus tard, brandissant mon premier article sur les chasseurs de miel dans *National Geographic.*

« Oui, c'est bien moi », lui dis-je, soulagé.

Quelque part, nous nous connaissons depuis longtemps.

Dehors, ses chevaux, deux bêtes immenses et paisibles, croisements de percheron et de belge, semblent l'attendre. Il leur donne du maïs, leur parle, puis les libère dans le pré sans les quitter du regard.

« Nous n'avons pas beaucoup d'argent ici, mais nous sommes riches de ce qui importe, me dit-il : de l'eau, de l'air pur, une nourriture saine, du temps pour ma famille. J'ai construit la maison, je laboure les champs, nourris ma famille, je prends soin de mes chevaux qui prennent soin de nous... c'est ma vie, toute ma vie. »

Puis il ajoute au bout d'un moment de silence : « Reste avec nous quelque temps si tu veux. »

Il ouvre une clôture par laquelle les chevaux s'engouffrent, puis enlève ses bottes et se met pieds nus. Je fais de même sans poser de questions. À quelques mètres en retrait, deux chiens nous suivent fidèlement, Snoopy, le petit bulldog, et Loe, un labrador court sur pattes. Devant nous, une longue prairie incurvée, au fond de laquelle coule la rivière, bordée sur l'autre rive d'une épaisse forêt.

Il me fait découvrir sa terre, son trésor. Avec Orpha-Lee, ils font pousser de tout. Maïs, pommes de terre, ail, oignons, choux, betteraves, potirons, concombres, tomates, courgettes, cacahuètes, poivrons verts et jaunes, piments rouges... Je suis admiratif. Mason hoche la tête. « Si tu aimes quelque chose, tu le fais bien. » Son

MASON ET SA FEMME ORPHA-LEE À LA PORTE DE LEUR MAISON.

MASON PRÊT À PARTIR POUR LA CHASSE.

explication est à son image, simple, limpide et de bon sens. Quand il ne s'occupe pas de sa terre, il chasse ; quand il ne chasse pas, il forge ses propres outils. Il dresse aussi des chevaux par paire, travail qui lui vaut une belle renommée bien au-delà de ses forêts. Mason est en communion constante avec sa terre. Il y a construit sa maison en bois, des canalisations d'eau à la charpente, et semble tout maîtriser. Sa seule entorse est un vieux quad, mais pour le reste, il manie la hache comme le fusil, et la plane comme l'enclume ! Il sait tout faire. À l'opposé de nous, il est l'exemple de l'hyper-généralisme. Il vend les harnais qu'il a cousus de ses mains pour les attelages, ou le ginseng récolté à la fin de l'été dans les forêts alentour, juste de quoi acheter quelques vêtements de temps à autre ainsi qu'un peu d'essence. Que vouloir d'autre ? Une complicité s'est établie entre nous et maintenant que je connais le chemin, je viens retrouver Orpha-Lee et Mason à différentes saisons. Les valeurs qui les animent sont les mêmes que celles qui ont façonné l'Amérique : le travail, l'amour de la terre et, par-dessus tout, le goût de la liberté.

Ils sont aussi profondément chrétiens. Leur foi constitue l'autre source de leur force. Dans la maison, la Bible n'est jamais loin du fusil. Le soir, il arrive qu'on la lise et la commente, surtout lorsque Edna, la mère, est de visite. Chacun est habité par la même ferveur, par cette piété presque mystique que l'on retrouve chez ceux qui vivent en pleine nature. Ici, on ne va pas à l'église du coin, on prie à la maison. On remercie le Seigneur pour un bon repas, la visite d'amis, un travail bien fait, comme on l'appelle à l'aide pour une mauvaise blessure, et nul ne s'en cache.

Le grand-père maternel de Mason était mouleur. Il travaillait à la ville, mais à la suite de différends éthiques et sociaux, il revint s'installer dans la forêt. C'est dans une maison de rondins qu'il construisit lui-même que sont nés ses dix-sept enfants. Tous ont appris à lire et à écrire à la maison. Une génération plus tard, ce choix éducatif valut au père de Mason quarante et un jours de prison. Ici, on parle avec fierté de son indépendance d'homme libre. Mason et Orpha-Lee ont dû, à leur tour, changer d'État pour continuer cette tradition du *home schooling* : leurs quatre

MASON, FORGERON ET BOURRELIER.

DOUBLE PAGE SUIVANTE
LA PRAIRIE DERRIÈRE LA MAISON DE MASON ET ORPHA-LEE.

enfants, Tammy, Tim, Mary-Lee et Stephen, ont tous été éduqués à la maison. Malgré cela et à la grande tristesse de leurs parents, aucun d'eux ne mène la vie indépendante et simple de leur père. Ils ont tous opté pour la ville. Je remarque : « Bien sûr, il est plus facile d'aller au supermarché. – Oh, pas si simple, me répond Mason. C'est plus facile lorsqu'on a un travail, une paie chaque mois. Mais qu'en est-il lorsque après s'être marié, après avoir contracté un emprunt pour sa voiture ou sa maison, on se retrouve sans travail ? »

Dix pour cent des Américains sont au chômage, presque vingt pour cent dans les États comme le Michigan (il y a vingt-six millions de demandeurs d'emploi aux États-Unis). C'est vrai, depuis un an que je me balade dans cette Amérique touchée de plein fouet par la crise, je vois se multiplier le terrible panneau *FOR SALE*, au bord des petites routes. Les gens vont vivre chez des parents, emménagent chez des amis ou s'installent dans des caravanes. Sans parler de ces marchés aux puces improvisés qui se développent aux intersections les plus improbables.

L'éducation publique est en pleine crise, elle aussi : violence, drogue, absentéisme, écoles fermées par centaines dans chaque État l'année dernière, faute de budget…

À l'âge de dix-huit ans, Mason a quitté la forêt. Il a essayé du moins. Il a travaillé deux ans dans la petite ville voisine en tant que jardinier, avant d'être embauché dans une usine de pièces d'embrayage, mais fondamentalement, cette vie ne lui convenait pas.

DUSTIN, ORPHA-LEE ET UN DE SES PETITS-FILS.

PAGE CI-CONTRE
DÉPEÇAGE DU DAIM TUÉ PAR DUSTIN ET PRÉPARATION D'ÉCUREUIL PANÉ.

Après avoir épousé Orpha-Lee, il lui a parlé de son rêve de retourner à une vie simple dans la nature. Elle a acquiescé en pensant, me dit-elle avec un sourire, que c'était une de ces choses dont on rêve, dont on parle, comme tant d'autres gens, et qu'un jour peut-être... « Non, maintenant ! » a dit son homme.

Une semaine plus tard, ils commençaient à construire la maison dans les bois.

Le temps a passé. Notre discussion roule à présent. Mason a la voix qui monte, descend, tourne et danse. Nous aimons nous retrouver pour discuter. Et de fait, nos marches matinales et nos veillées prennent des allures de rituels. Je n'ai plus de complexe à lui demander plusieurs fois la même chose, jusqu'à ce que je comprenne bien ce qu'il me dit. Lui aussi commence à s'habituer à mon accent d'outre-Atlantique.

Je regarde Mason et Orpha-Lee, Dustin et Janet : même s'ils cousent leurs vêtements eux-mêmes ou les achètent de seconde main, ils ont énormément d'allure et de classe. Dans ses vêtements simples, ils gardent une grande élégance – Mason n'a pas moins de cinq chapeaux différents et trois paires de bottes. Ils sont sveltes et en très bonne forme physique, ce qui les démarque des Américains que je rencontre dans le Midwest, dont plus de la moitié sont obèses.

L'herbe rase du printemps a laissé place à une herbe haute d'un vert intense. Nous sommes en juillet, il est temps de récolter le foin pour l'hiver. Les deux grands chevaux tirent la faucheuse mécanique sur laquelle est juché Mason.

Alors que je remets un film dans mon Leica, il s'arrête à ma hauteur et avec un sourire malicieux, me glisse quelques mots à l'oreille : « Qu'adviendra-t-il de nous ? » Cette préoccupation est très présente chez les « off the grid ». Je repense notamment aux propos que m'a tenus Janet quelques semaines plus tôt. « L'Amérique n'est plus ce qu'elle était, regrettait la jeune femme. Le rêve américain est mort. Même en travaillant d'arrache-pied, on n'y arrive plus... »

« Tu vois, lorsque j'ai le blues, j'attelle mes chevaux », me dit Mason. Pour appuyer sa phrase, il ne trouve rien de mieux à faire que de sauter de la faucheuse et de me confier les rênes. Il me donne quelques indications : « Allez, vas-y Éric ! » Les deux géants s'ébranlent

MASON CONDUISANT LA FAUCHEUSE TIRÉE PAR DES CHEVAUX.

devant moi. Leur postérieur musclé et leurs longues pattes marquent le pas, tandis que la grande lame crépite sur ma droite. Il faut que je la relève d'un ample mouvement de bras dans les virages, puis que je la laisse retomber une fois revenu en ligne droite…

« Cela nettoie la tête et remet les idées en place, non ?! » me lance Mason.

Il a raison : pas moyen d'être ailleurs lorsqu'on travaille avec ces chevaux. On se doit d'être totalement concentré sur chaque mouvement. D'être totalement dans le présent.

La nuit est tombée. Je sors sous l'auvent pour étendre mon couchage et ne peux retenir une exclamation : des milliers d'arabesques lumineuses strient la noirceur de cette nuit sans lune. Je n'avais jamais vu un phénomène de cette ampleur. Émerveillé, je sors dans la prairie, pour attraper dans le creux de ma main quelques-unes de ces lucioles.

Mason avait un jour remarqué : « Tu sais, les Appalaches sont comme oubliées du monde moderne. »

Captain Coble

« Un jour, me dit Mason, je rentrais mon attelage par la route quand une voiture me doubla, ralentit et s'arrêta devant moi. Un homme âgé en sortit. Sentant sa curiosité, je m'arrêtai à sa hauteur. Il aimait les chevaux, me dit-il, et était étonné de voir une telle scène à notre époque. Je lui demandai ce qu'il faisait. » Le vieil homme avait passé toute sa vie dans l'armée. Il aimait les chevaux et la nature, mais avait ajouté avec tristesse qu'il n'avait jamais pu réaliser son rêve… qu'en fait il n'avait jamais pu faire ce qu'il voulait dans la vie.

« Quel dommage, lui avait répondu Mason. Pour ma part, j'ai toujours fait ce que j'avais envie de faire dans ma vie. » Il avait alors réalisé que ce qu'il venait de dire spontanément était dur pour le vieil homme. Celui-ci avait répliqué qu'au contraire, ce qu'il aimait chez Mason, c'est qu'il était lui-même. Alors, ce dernier avait ajouté : « Mais que peut-on faire, sinon être soi-même dans la vie ? »

Depuis ce jour et jusqu'à la mort du capitaine Coble, Mason et lui restèrent amis, et continuèrent à discuter de simple living *et des grands chevaux qui tiraient son attelage.*

Quelque part, j'admire Mason : fort, brave et généreux, solide dans sa foi, heureux dans sa simplicité, certain de sa place dans ce monde. Naïf peut-être, il perçoit les États-Unis comme un pays avide d'argent et ne veut pas dépenser sa vie à la gagner.

« Nous n'avons besoin que d'une centaine de dollars par mois pour subvenir à nos besoins », dit Orpha-Lee. Pas d'hypothèques, ni de prélèvements mensuels, ni d'argent à dépenser pour la nourriture… Je reste songeur. Est-ce possible, je veux dire vraiment possible ?

Page ci-contre
En haut :
Mason avec son petit-fils Jacob à la chasse.
En bas :
Mason et Éric lors d'un bivouac.

Mason en partance pour la chasse.

Certes, ils se gardent bien de dire qu'ils ne sont pas propriétaires de cette terre, mais sans doute est-il encore trop tôt pour ces confidences-là. Dustin m'avait prévenu d'ailleurs lors de notre premier voyage : « Mason ne t'en parlera pas spontanément, mais il vit depuis quinze ans sur la terre qu'un de ses amis lui a confiée. »

Un des gros problèmes auxquels se heurte ce mouvement des « off the grid » est le prix exorbitant de la terre.

« La terre, dit Mason, c'est comme un fusil. Tu n'achètes pas un fusil bon marché, tu achètes un bon fusil, un fusil bien pensé, bien fait, un fusil cher. La terre, c'est la même chose. Tu achètes une bonne terre, bien exposée, riche, avec de bonnes sources, avec la bonne proportion de terre arables et de forêts… et c'est rare, et c'est cher… »

À quatre-vingt-trois ans, Edna, la mère de Mason, vit seule dans la maison de rondins que son père a construite au fond d'une vallée étroite, à une heure de voiture. Prendre une photo d'elle ? « Hors de question. En revanche, pourquoi ne pas venir me voir dans la maison qui a vu naître toute la famille ? » J'accepte son invitation avec plaisir. Et de fait, elle est fière de me recevoir.

C'est un caractère fort qui parle avec passion de Dieu et de sa vie près de la nature, la cheftaine d'un clan assurément. Elle n'a jamais cédé aux sirènes du confort facile, elle ne veut rien devoir à personne. Elle me montre les photos de famille. Sur le buffet se trouve en particulier celle, coloriée à la main, de ses parents. Face à elle, une horloge, arrêtée à 10 h 20, a été fabriquée avec la lame d'une grande scie circulaire.

Un bruit dehors. Nous regardons par le carreau. Une voiture blanche se gare à côté de la mienne. Une jeune femme blonde et replète en sort, une serviette à la main. Elle approche, cherche la porte d'entrée. Les visites d'inconnus sont rares ici. Edna va l'accueillir sous l'auvent. La visiteuse est assistante sociale – elle nous présente son badge.

On lui a parlé d'Edna. Elle semble tout à la fois curieuse et intimidée.

« À quatre-vingt-trois ans, vous devriez vivre avec plus de confort, l'électricité, le téléphone, la télévision, être moins isolée ou, du moins, déjà plus près de la route qui mène à la ville... Vous savez, j'ai des aides pour cela », dit-elle en sortant une pile de formulaires qu'elle pose entre nos tasses de tisane. Mason reste silencieux, Edna l'interrompt gentiment. « Peut-être voulez-vous visiter la maison ? » La vieille dame lui montre la chambre à coucher au lit recouvert d'un édredon, le salon aux grands fauteuils dont les accoudoirs usés sont garnis de napperons, le poêle à bois rond, la cuisinière en fonte avec son four et le réservoir d'eau, enfin la pièce

MASON ET SA MÈRE EDNA DEVANT LE FUMOIR.

du haut pour les visiteurs. Nous sortons sous l'auvent où trône une impressionnante pile de bois « que j'ai fendu » précise Edna, puis nous descendons quelques marches et traversons la route de terre pour arriver au fumoir où sont accrochées de grosses bassines en tôle. La porte grince. « Ici un jambon, là, dans le sac de toile blanche, le lard, et là, par terre, le savon que j'ai commencé avant-hier. » Puis c'est la cave creusée à même la colline avec ses étagères de bocaux de fruits, de légumes : conserves de tomates vertes, de sauce tomate, de cornichons, de haricots verts, de petits pois, de betteraves rouges, de pickles, de viande de porc et de gibier, confitures, jus de pomme...

En revenant à la cuisine, Edna ajoute : « Vous savez, mademoiselle, je n'ai pas besoin d'aide. J'ai Dieu et ma famille. Et je ne veux pas être dépendante du gouvernement. Je ne les signerai pas vos papiers, je n'ai pas envie de me retrouver dans un hospice. Les aides, l'argent c'est une chose, mais j'ai ma famille et c'est le plus important. » Elle dit cela d'une façon très gentille et digne, en se tenant bien droite malgré son âge. La jeune femme ramasse ses documents, nous salue. Sur le perron de la porte, elle hésite et se retourne vers Edna qui la raccompagne. « Excusez-moi, madame, j'ai honte. La seule chose que je sais utiliser dans ma cuisine, c'est mon micro-ondes... »

Page ci-contre
En haut :
Le quad et le vieux fusil de Mason.
En bas :
Dustin joue avec Loe près d'une vieille voiture recouverte par la végétation.

Ci-contre
La maison d'Edna, la mère de Mason.

Smith & Wesson

Le soir venu, la pénombre gagne la petite maison. Orpha-Lee allume la lampe à pétrole. Sur la table de bois cirée, luisent les dernières tomates de la saison. « Je ne t'ai jamais montré mon revolver, Éric ? me demande Mason. – Non, tu m'as montré tes fusils, mais jamais ton revolver. » La chaise grince sur le parquet et Mason se lève pour aller dans la chambre. Je l'entends ronchonner en fouillant un long moment. Il revient avec son arme, ouvre le barillet et six balles roulent dans la paume de sa main. Silencieux, il me tend l'arme : un Smith & Wesson, calibre 38. Jolie mécanique, arme légendaire des années 1970. J'ai plaisir à le faire fonctionner en prenant garde de retenir le chien lorsque je presse la détente. Je le repose près des tomates vertes et rouges. « Il a une histoire, tu sais ? » Je secoue la tête pour dire non, et attends avec plaisir que sa voix chantante monte dans le silence du soir. Il hésite un instant et se lance. « Les parents d'Orpha-Lee étaient de lointains voisins. Un jour, sachant que nous étions cinq frères, sa mère Mindy est venue voir la mienne. "Celui de tes fils qui épousera ma fille aura mon revolver." C'était un argument. À l'époque, le calibre 38 était l'arme à la mode. Chaque fermier avait le sien ; mais nous étions trop pauvres pour posséder une telle arme. J'ai épousé Orpha-Lee, mais je n'ai pas eu le Smith & Wesson. Je ne voulais pas en déposséder Mindy. Ce n'est que douze ans plus tard, alors que nous sommes revenus ici pour nous occuper d'elle, dans son grand âge, qu'elle me l'a donné. Ses mains étaient percluses de rhumatismes. "Je suis tellement vieille que je ne peux même plus l'armer, m'a-t-elle dit. Prends-le, il est à toi maintenant." »

La forêt a changé de couleur, c'est l'automne. Je suis revenu pour la chasse. En chemin, je lui parle de mon métier, de mes vieux appareils argentiques qui me suivent depuis des années, et de la pression pour les remplacer par du numérique. Mason enchaîne : « Sois fier de ton travail ! La vie moderne ? Vous balancez tout à la poubelle. Dans les sociétés traditionnelles, tout se réutilise naturellement. Vous appelez cela "recyclage", mais il n'y a là rien de nouveau en vérité. Quand j'étais enfant, on conservait déjà les bouteilles de verre et bien d'autres choses. Ce n'est que récemment que les gens ont commencé à jeter… » Après mes absences, je mesure à quel point nos marches matinales et nos discussions nous manquaient, et que son invitation pour la chasse n'est finalement qu'un prétexte pour reprendre le fil de nos conversations…

Le ragoût d'écureuil

« On nous avait volé la viande du fumoir. C'était grave pour nous. Nous étions pauvres. À cette époque, mon père ne gagnait que trois dollars par jour dans les champs de tabac ou de maïs. La région n'était pas bien riche. C'était le berceau du whisky de contrebande et un fumoir, dans ce contexte, c'était un garde-manger pour passer l'hiver. J'avais neuf ans. J'ai aperçu au travers du carreau de notre maison en rondins un écureuil courant dans un arbre. Mon père n'était pas un bon chasseur, et pour l'heure, il était absent. J'ai demandé à ma mère si je pouvais aller le tirer. Elle m'a répondu que j'étais trop jeune, que c'était trop dangereux, mais ma grand-mère est intervenue. Elle était de sang cherokee. "Edna, laisse-le faire, bien sûr qu'il est assez grand." D'une poignée de mots, elle avait réglé la question ! Elle a décroché le fusil au-dessus de la porte et me l'a remis avec une cartouche. L'arme était aussi grande que moi. Elle m'a regardé de ses yeux sombres et a ajouté : "Quand tu seras assez près – et seulement à ce moment-là –, tu mettras la cartouche et tu tireras." J'ai tué l'écureuil, je suis revenu et j'ai demandé deux cartouches. J'ai ramené deux écureuils. Ma grand-mère m'a montré comment les dépecer, et je suis ressorti avec trois cartouches. Ce jour-là, j'ai tué dix-huit écureuils avec dix-huit cartouches… » Tant d'années après, les yeux de Mason sont perdus dans ses souvenirs, il revit ce moment clé de sa vie, levant les bras pour épauler le fusil invisible. « Le ragoût mijotait dans la grande marmite lorsque mon père est rentré. "Mon fils, m'a-t-il dit, tu es un bon chasseur ; c'est un cadeau du Seigneur." » Mason reste immobile un instant et ajoute, en me regardant intensément : « Depuis ce jour, c'est moi qui apporte la viande sur cette table. »

Double page précédente
Bivouac dans la forêt à l'automne.

Ci-dessous
Dustin et Mason à la chasse.

Page ci-contre
Mason suivant les traces d'un cerf.

Avec Orpha-Lee, la seule viande qu'ils mangent est le gibier qu'il ramène : dindes sauvages, cervidés, écureuils ou le cochon qu'ils tuent avant l'hiver. « Les supermarchés, dit Mason, pour quoi faire ? Nous avons tout ce qu'il nous faut ici ! » Je repense à sa cave et à celle d'Edna, à toutes ces étagères qui ploient sous le poids des bocaux. Ils ont de quoi tenir un siège ! « Tu sais, poursuit mon hôte, bien qu'ils disent que nous sortons de la crise, il me semble que nous y plongeons de plus en plus profondément. Et le pire, c'est que le jour où la situation sera vraiment grave, ceux de la ville – qui n'auront rien vu venir ! – penseront encore une fois que le gouvernement peut tout arranger. Mais que feront-ils quand les camions n'arriveront plus, quand les supermarchés se videront ? Le gouvernement sera débordé ; il ne pourra pas répondre. Ils seront rendus à eux-mêmes, démunis et vulnérables. Ils se rassurent en disant qu'ils s'improviseront jardinier... Mais on ne s'improvise pas jardinier ! Il faut au moins deux ans – et encore... avec de bons voisins ! – avant de pouvoir vivre de son potager. »

Je sens que Mason a peur pour ses enfants, qu'il est préoccupé.

« C'est une spirale, continue-t-il, la voiture, l'appartement, les impôts, le crédit, la famille, l'éducation des enfants, le boulot ou le chômage... vous êtes dans un cercle infernal et on vous assure que c'est la seule façon de vivre. Ce n'est pas vrai ; ça ne l'est pas ! Et je ne suis pas le seul à le penser. Regarde les amish et les mennonites. Même si je n'adhère pas à leur croyance, leur modèle économique tient la route. Là où un petit fermier américain n'arrive pas à survivre à cause des emprunts qu'il doit contracter pour acheter ses tracteurs, graines OGM, engrais et insecticides, eux prospèrent. Ils forment une des communautés les plus dynamiques des États-Unis ! »

Après le travail, Mason range les harnais de ses chevaux.

Dustin et Janet avec leur fille Esther.

La viande ici, on la doit bien sûr à Mason, mais Dustin, son fils spirituel, et Jacob, son petit-fils âgé de seize ans, lui prêtent volontiers main-forte quand ils viennent lui rendre visite. Jacob, en digne héritier, a commencé à chasser à neuf ans. Il tire le cerf à l'arc à présent.

Mason et moi avons trop parlé, et revenons bredouilles. Dustin, qui est parti chasser seul ce matin, a ramené un daim et nous attend pour le dépecer. On partagera la viande entre les familles. Ce nouveau séjour passe rapidement. La maison, bien qu'isolée, demeure un lien entre Mason et ses voisins, Mason et ses enfants et petits-enfants. Chacun passe, vient les voir, s'enquiert des nouvelles des deux mondes. Autour de la table, certains visages me sont devenus familiers. Les jours raccourcissent ; les veillées n'en sont que plus belles. On parle beaucoup, comme avant, quand il n'y avait pas la télévision...

« La croissance infinie ? Mais seuls les fous et les économistes peuvent croire en une chose pareille ! me dit Mason un soir où nous sommes seuls. Où vois-tu dans la nature une croissance perpétuelle ? Là-bas, dans leurs bureaux, ils dressent des graphiques avec ces lignes en dents de scie. Mais la vraie vie, la nature, ne se représente pas ainsi. Non, la vie est un éternel recommencement, la vie est un cercle, le cercle des planètes, le cycle des saisons, le cycle de l'eau, de la vie et de la mort. Et comment croire à une croissance perpétuelle sur une planète où l'on commence à compter les réserves ? » Je hoche la tête, pense à notre monde et à nos visions si différentes.

PAGE CI-CONTRE
EN HAUT :
MASON ET SES CHEVAUX À LA FIN D'UN APRÈS-MIDI DE LABEUR.
EN BAS :
MASON ET JACOB, SON PETIT-FILS.

CI-DESSOUS
JOUR DE LESSIVE POUR LA FAMILLE DE MASON.

À qui parle-t-il ? À moi bien sûr, qui dans quelques jours reprends l'avion. Mais moi qui acquiesce à chacun de ses mots, où en suis-je ? Je rembourse l'emprunt de ma maison, je roule en voiture, je prends l'avion... Je suis de ce monde qu'il dépeint. Et est-ce que je produis quelque chose d'important, de véritablement indispensable ? Même pas, je ne suis qu'un prédateur de ressources naturelles.

Les jours ont raccourci, les arbres perdu leurs feuilles. L'hiver est là. Mason a l'air grave lorsqu'il est avec ses chevaux. Nous partons marcher encore une fois dans le silence du matin. « Il semblerait, me dit-il finalement, que l'homme ne veuille pas voir ce qui se passe sous ses yeux. Pourtant, les gens savent, comprennent tout cela mais ne veulent pas se l'avouer. C'est pour ça qu'ils ont ce mal de vivre, que leur cœur lâche, que leurs psys sont si occupés et que les dealers ont ces grosses bagnoles. C'est pour cela qu'on vend tant de Prozac... »

Mason a décidément une façon intéressante de regarder notre monde. Pour moi, de ces quatre personnages, il est celui qui vit de la manière la plus indépendante, la plus autosuffisante. Celui qui, me semble-t-il, a le plus les pieds sur terre.

« Et puis tu sais, me dit-il jovial, j'ai trouvé le titre de ton livre : *Easy Life*. » Comment... Lui qui s'est toujours levé tôt, qui a conduit sa vie avec rigueur, discipline et volonté ?! Je lui demande de m'expliquer... « Tu vois, Éric, le problème c'est que les gens intéressés par cette vie gardent un pied dans chaque monde. Ils continuent leur job en ville et essaient de s'intégrer dans la nature. Ils se dispersent et n'y arrivent pas. Il faut mettre toute ton énergie dans la terre... Regarde, j'ai une vie tranquille, le temps d'accueillir mes amis, de rêver, de chasser... »

Je souris de sa naïveté et lui dis que je vais y réfléchir. Mais il renchérit d'un air malicieux : « De toute façon, si la crise continue, personne ne l'achètera ton livre... »

MASON ET DUSTIN, SON FILS SPIRITUEL, HARNACHENT ENSEMBLE LES CHEVAUX.

DOUBLE PAGE SUIVANTE
PAYSAGE ENTRE CHIEN ET LOUP.

Alors que, quelques jours après le début du crash boursier, j'écris cette conclusion, les propos de Richard Heinberg, avec qui j'ai commencé ce récit, me reviennent à l'esprit. Je l'avais rencontré quelques mois après la crise financière de 2008 dont nous n'arrivions pas à sortir : « Cette crise n'est pas une crise en V », me dit-il en traçant du bout du doigt un grand triangle sur la table. Devant mon air interrogatif, il précisa : « Je veux dire par là que cette crise n'est pas comme toutes celles que nous avons vécues jusqu'alors et dont nous sortions encore plus productifs et consommateurs qu'auparavant. Non, cette crise est une crise en L », dit-il en dessinant la lettre devant lui.
« C'est un rééquilibrage où, qu'il le veuille ou non, l'être humain va devoir s'aligner sur les réalités vraies de cette planète et réapprendre à vivre plus frugalement. »

Mais, nulle part en chemin, je n'ai trouvé ces communautés florissantes, ces tribus que le romantique que je suis imaginait au départ. En fait, et sans exception, le plus grand regret de chacun des Robinsons que j'ai rencontrés, c'est l'incapacité de créer un clan solide et dynamique. Un groupe d'hommes, une société devient d'autant plus forte, plus structurée et efficace qu'elle est menacée. Si aucune de ces communautés n'arrive à se bâtir, c'est peut-être parce que justement, rien ne les menace. Au moindre conflit interne, il est très facile de jeter l'éponge et de retourner vivre dans l'anonymat et le confort relatif des grandes villes en échappant ainsi aux contraintes que pose une tribu : travail, discipline, respect de l'autre...

Mais, remarque l'une de mes rencontres, pour combien de temps ?

« La vie dans les cités devient de plus en plus difficile. Les tribus renaîtront tout naturellement en temps de danger. Elles se souderont quand le monde du dehors cessera d'être un refuge trop facile ou, comme certains le prédisent, s'effondrera de lui-même. »

« Qu'importe, me dit Eustace Conway. Effondrement ou pas, si je vis cette vie, c'est parce que pour moi et la planète, c'est la meilleure. »

De gauche à droite et de haut en bas Tim, Lynx, Tod et Talia, Eustace Conway, l'école de la nature (John Michael, John Thomas, Naomi, Dan, Éric et Lynx), John, Lowell Morgan, Mason et Orpha-Lee.

Pour aller plus loin

Cet ouvrage repose principalement sur des rencontres, des témoignages et des entretiens. Néanmoins, ceux-ci font écho à un certain nombre d'ouvrages, articles, sites ou encore documentaires que nous ne saurions trop vous recommander. En particulier :

Essais

Astyk Sharon, *Depletion and Abundance*, Gabriola Island, New Society Publishers, 2008.

Berry Wendell, *The Way of Ignorance*, Berkeley, Shoemaker & Hoard, 2005.

Heinberg Richard, *Pétrole, la fête est finie !* (2003, 2005), Paris, Éditions Demi-Lune, coll. « Résistances », 2008.

Huffington Arianna, *L'Amérique qui tombe – Comment les politiques ont trahi le rêve américain et abandonné la classe moyenne*, Fayard, 2011 (pour l'édition française).

Jensen Derrick, *Endgame, volume I, The Problem of Civilization*, New York, Londres, Melbourne, Toronto, Seven Stories Press, 2006.

Wells Spencer, *Pandora's Seed – The Unforeseen Cost of Civilization*, New York, Random House, 2010.

Presse

« Les jardins de Detroit », *XXI* octobre/novembre/décembre 2010, p. 32-43.

« Et si on changeait tout… », *Alternatives économiques*, Hors-série poche n° 49, avril 2011.

« Énergie, pollution, consommation – Il faut changer de modèle ! », *Alternatives économiques*, n° 301, avril 2011.

« L'État de la terre 2011 », *Alternatives internationales*, Hors-série n° 9, mai 2011.

« L'impossible solution unique » in *Challenges*, « Énergie, la vérité », n° 255, 5 mai 2011.

« Anarchie pétrolière », article sur « Le sang du Nigeria » in *Challenges*, « Énergie, la vérité », n° 255, 5 mai 2011.

« L'Occident est-il fini ? », *Courrier international*, Hors-série, mars-avril 2011.

Jacquard Albert, « Ce n'est pas la planète qu'il faut sauver, mais l'humanité », in *Libération*, 14 septembre 2010.

« Age of Man », *National Geographic*, mars 2011.

« Nucléaire – Vérités & alternatives censurées », *Nexus*, n° 74, mai-juin 2011.

Jacquard Albert, « Alerte ! Notre monde court à la catastrophe », in *Paris Match* du 12 au 18 mars 2009, p. 127-130.

« Pourquoi la France a-t-elle sabordé sa révolution verte ? », *Télérama*, n° 3195, 6 avril 2011, p. 38-40.

« The Fallout », *The Economist*, Volume 398, Number 8725, March 19 th - 25 th, 2011.

« What's wrong with America's economy ? », *The Economist*, Volume 399, Number 8731, April 30 th – May 6 th 2011.

Documentaires

Edman Lars et Johansson William, *Toxic Playground*, enquête documentaire, 70', 2011.

Lespinasse Philippe, *Le Sang du Nigeria*, enquête documentaire, 52', 2011.

Moreira Paul, *Toxic Somalia : l'autre piraterie*, enquête documentaire, 52', 2011.

Weber Olivier, *La Fièvre de l'or*, enquête documentaire, 95', 2008.

En outre, si vous souhaitez en savoir plus sur le mouvement des « off the grid », la théorie de la décroissance, la notion de résilience ou encore le concept de permaculture, voici quelques références à ne pas rater.

Mouvement des « off the grid »

Nick Rosen, *Off the Grid: Inside the Movement for More Space, Less Government, and True Independence in Modern America*, Penguin, 2010, 304 pages.
Le journaliste Nick Rosen traverse les États-Unis avec l'intention de trouver la communauté « Off the Grid » idéale.

www.off-grid.net (en anglais)
Site qui étudie et qui inventorie les personnes, les technologies, les événements et plus largement, les influences qui sont « off the grid » partout à travers le monde.

velacreations.com (en anglais)
Site crée par un jeune couple qui vit « hors du circuit » depuis plus de dix ans. Ce site propose au public le fruit de l'expérience du couple, des conseils, de la documentation.

www.offthegrid.com
Site de conseils pour les apprentis « hors circuit » et offre la possibilité de rejoindre la communauté « off the grid » pour partager des idées et pour apprendre.

Théorie de la décroissance

Serge Latouche, *Le Pari de la décroissance*, Paris, Fayard, 2006.
Le « pari de la décroissance » consiste en une rupture nette avec les valeurs sur lesquelles sont bâties nos sociétés. Serge Latouche défait ici le mythe du progrès et de la croissance.

La Décroissance, Entropie – Écologie – Économie, Nicholas Georgescu-Roegen, Sang de la Terre, coll. « La Pensée écologique », 2006.
Ouvrage théorique pointu qui offre une critique de notre système économique « mécaniste » actuel, tout particulièrement du dogme économique de la croissance.

www.revuesilence.net
Publiée depuis 1982, *S!lence*, propose des articles sur un mode de vie alternatif, sur la théorie économique de la décroissance. Pour tous ceux qui désirent vivre autrement.

www.entropia-la-revue.org
Entropia se définit comme une « revue d'étude théorique et politique de la décroissance », mais se révèle pointu. Pour un public averti.

noimpactproject.org
Préoccupé par l'impuissance qu'il ressent face au sort de la planète, Colin Beavan, écrivain et journaliste, décide de vérifier par lui-même s'il est possible de vivre sans produire de déchets, avec le minimum d'impact sur la planète. Il en résulte un livre, un documentaire et un projet mobilisateur.

carnet.simplicitevolontaire.org
Article rédigé par un collectif canadien autour du projet No Impact Man. Riche en références et définitions, notamment celle d'empreinte écologique.

Calculer votre empreinte écologique

William Rees et Mathis Wackernagel, *Notre empreinte écologique*, Écosociété, 1999, 209 pages.
L'ouvrage date mais reste intéressant pour mesurer la quantité nécessaire de ressources de la planète pour chacun de nos choix quotidiens, se loger, se vêtir, se nourrir ou encore se déplacer.

http://archives.universcience.fr/francais/ala_cite/expositions/developpement-durable/calcul-empreinte-ecologique/
Toujours dans le même esprit mais en ligne cette fois, ce site vous permettra de calculer votre propre empreinte, et vous fournira des solutions pour la réduire.

NOTION DE RÉSILIENCE

Manuel de Transition, De la dépendance au pétrole à la résilience locale, Rob Hopkins, préface de Serge Mongeau, éditions Ecosociété, octobre 2010.
Véritable outil révolutionnaire et inspirant, ce manuel est consacré aux solutions pour construire dès maintenant des sociétés écologiques et résilientes, capables de s'adapter aux catastrophes telles que le pic pétrolier et les changements climatiques.

CONCEPT DE PERMACULTURE

Selon Michael Pilarski, la permaculture (terme né de la contraction d'« agriculture permanente » ou de « culture permanente ») est le design de systèmes d'aménagement du territoire soutenables et écologiquement sains. Il correspond à la mise en pratique d'un mode de vie alternatif et réalisable, et repose sur les valeurs de « positivisme », « coopération », « écologie » et « créativité ».
www.permaculture.fr
Sur ce site très fourni, toutes les informations nécessaires pour comprendre ce qu'est la permaculture, de nombreuses définitions sont proposées.
lafermedesourrou.blogspot.com
Exemple de permaculture en France, la ferme de Sourrou.
Transition Town
En 2005, l'enseignant en permaculture Rob Hopkins créé le premier modèle de « ville en transition » en Irlande. Un an plus tard, le concept conquiert la Grande-Bretagne, puis de là, encore de nouveaux territoires. Aujourd'hui, on compte plus de 250 initiatives de Transition dans une quinzaine de pays.
villesentransition.net
L'outil ressource par excellence pour comprendre et trouver toutes les informations pratiques.

SOCIÉTÉS TRADITIONNELLES

www.dialoguesurterre.fr
Qu'avons-nous à apprendre des sociétés traditionnelles ? Ce site pose la question… et tente d'apporter les réponses.

ET AUSSI…

DES SENSIBILITÉS « VERTES » AVEC DES REVUES ÉCOLOGISTES, OU DES FILMS À VOIR ET À REVOIR.

REVUES

www.passerelleco.info
Passerelle Eco collecte des pratiques écologiques à même de développer de nouveaux modes de vie et de relation, afin de diffuser les nouvelles des « écolieux » de vie et des écovillages.
www.lagedefaire.org
Libre de toute confession, idéologie ou dépendance financière, *L'Âge de faire* est un mensuel traitant des questions écologiques et citoyennes.

DOCUMENTAIRES

Solutions locales pour un désordre global, Coline Serreau (2010).
Le message de Coline Serreau est fort : oui, il existe des solutions. Pour preuve, des paysans, philosophes et économistes inventent et expérimentent des alternatives. La parole est à eux à présent… si nous voulons bien les écouter.

Loop, Sjur Paulsen (2005).
Un philosophe, un alpiniste, un conducteur d'ambulance et deux skieurs ont en commun leur relation particulière et intense à la nature. Quand le documentariste Sjur Paulsen les réunis, il en résulte alors un documentaire atypique, avec quatre portraits de Norvégiens conscients de leur fragilité.

FICTIONS

Into The Wild, Sean Penn (2009).
Tout juste diplômé de l'université, Christopher McCandless serait promis à un brillant avenir, s'il ne tournait le dos à l'existence confortable et sans surprise qui l'attend, pour prendre la route en laissant tout derrière lui...

La Belle Verte, Coline Serreau (1996).
Quelque part dans l'Univers, les habitants de la planète verte, qui forment une société utopique, évoluée et égalitaire, vivent en parfaite harmonie avec la nature. Lorsqu'une autochtone entreprend un voyage sur la Terre, elle constate à quel point ses habitants, qui se pensent à la pointe du progrès sous toutes ses formes, sont spirituellement sous-développés et éloignés de leur nature profonde. Scénario (et DVD) du film édité par Actes Sud en 2009.

... ET SI VOUS ÊTES DÉCIDÉ À SAUTER LE PAS POUR UN WEEK-END, UN MOIS OU TOUTE UNE VIE, CES PREMIÈRES PISTES VOUS AIDERONT SANS DOUTE.

www.therenewableplanet.com (en anglais)
Sorte de guide vert en ligne qui propose des astuces pour une planète renouvelable.

Vacances au vert, Éditions Michelin, 2010.
Guide pratique qui regroupe 250 adresses insolites françaises pour être au plus près de la nature via l'hébergement en plein air par exemple. Un classement par région permet de trouver aisément une yourte ou une roulotte où dormir, un restaurant où manger bio, etc.

LES RENDEZ-VOUS DES *OFF THE GRID* :

Falling Leaves, octobre, Lafayette, Georgie
www.primitiveskills.org
Firefly Gathering, juillet, Caroline du Nord
www.fireflygathering.org
Rivercane, avril, Georgie
www.primitiveskills.org
Winter Count, février, Arizona
www.backtracks.net
Rabbit Stick, septembre, Idaho
www.backtracks.net
Ou pour découvrir les reportages photo des derniers rendez-vous
www.neoanderthal.com

Remerciements

Je voudrais remercier Yann et Richard pour m'avoir lancé dans cette aventure.
David Bard et Ann Hite, NY Debra, Smokey, Tim Nelson et Thomas Seibold. Eustace Conway et Kym l'Australien. Ma fille Camille qui fut mon assistante, Tim et Susan à Washington. Lowell, Rita Morgan et leur famille qui m'ont ouvert les yeux sur bien des choses. Kevin Reeve (On Point Tactical) pour tout ce qu'il m'a appris sur la survie urbaine. John Duff, Jason Cain et Derek Smith à Dallas. David et Jennifer de Red Lick.

Et parmi les gens rencontrés au cours de mon périple : Chris Farmer de Heath-Heaven ainsi que Doug et Todd Elliott.
Lynx et John, Tod et Talia, Snow-Bear, Colbert, Either et Ann. Mason, Orpha-Lee, Jacob et leur famille.

Je voudrais aussi remercier tous ceux qui à mon retour m'ont aidé à voir plus clair dans la masse d'informations que je rapportais : Joëlle Ody, Élisabeth Philippe, Christine de Cherisey, Anne de Sales, Marina Ilina, Mathias Colas et Arnaud Valli. Ainsi que Pierre Grillet pour ses sages conseils.

Pour les recherches et la logistique, je tiens à remercier Holden Warren et Maïlys Rouillé.

Et tous ceux qui, le long du chemin m'ont offert un lit, un canapé, un coin de moquette ou un auvent pour dormir. Ceux avec qui j'ai partagé de la viande de daim, de bison, d'ours ou d'écureuil. Ceux qui m'ont fait découvrir leurs univers, leurs vues, leurs pensées.

L'hospitalité américaine n'est pas un vain mot.

Conception graphique : Valérie Gautier
Texte traduit de l'américain (p. 86) : Jean-François Chaix
Relecture : Isabelle Macé et Renaud Bezombes

IMPRIM'VERT®

Achevé d'imprimer en octobre 2011
sur les presses de l'imprimerie Loire Offset Titoulet
Photogravure : Quadrilaser
Dépôt légal : novembre 2011
ISBN : 978-2-7324-4824-4
Imprimé en France